بسم الله الرحمن الرحيم

تقرير معلومات
(2)

معابر قطاع غزة
شريان حياة
أم أداة حصار؟

رئيس التحرير

د. محسن صالح

مدير التحرير

وائل وهبة

هيئة التحرير

باسم القاسم

ربيع الدنّان

محمد بركة

محمد جمّال

طبعة مزيدة ومنقّحة

2009

قسم الأرشيف والمعلومات

مركز الزيتونة للدراسات والاستشارات

بيروت – لبنان

Information Report (2)
Gaza Strip Crossings:
A Vital Artery, or a Tool of Siege?

Prepared By:

Information Department, Al-Zaytouna Centre

Editor:
Dr. Mohsen Moh'd Saleh

Managing Editor:
Wael Wehbe

Second Edition 2009

حقوق الطبع محفوظة

الطبعة الثانية
2009 م – 1430 هـ

بيروت – لبنان

ISBN 978-9953-500-27-0

مركز الزيتونة للدراسات والاستشارات
ص.ب: 14-5034، بيروت – لبنان
تلفون: 44 36 80 1 961+
تلفاكس: 43 36 80 1 961+
بريد إلكتروني: info@alzaytouna.net
الموقع: www.alzaytouna.net

تصميم الغلاف
الحارث عدلوني

طباعة
Golden Vision sarl +961 1 820434

المحتويات

3

مقدمة

على الرغم من خروج قوات الاحتلال من قطاع غزة في 12 أيلول/ سبتمبر 2005، إلا أنه في حقيقة الأمر لم يتحرر ولم يشعر ساكنوه بالتحرر أو الاستقلال؛ بل تحول إلى أشبه ما يكون بسجن كبير تلفه الأسلاك والحواجز من كل الاتجاهات، في ظل واقع يستخدم فيه الاحتلال الإغلاق كسياسة عقاب جماعي تنعدم فيه كل معاني الحرية. حيث تحيط بقطاع غزة ستة معابر، أحدها مغلق كلياً، فيما بقية المعابر مغلقة معظم أيام السنة بسبب السياسة التي يتبعها الاحتلال. والمعابر الستة هي:

1. **معبر رفح:** يعدّ معبر رفح المعبر الوحيد المخصص لحركة الأفراد خارج قطاع غزة، ويربط القطاع مع جمهورية مصر العربية.

2. **معبر المنطار (كارني):** معبر تجاري يقع إلى الشرق من مدينة غزة على خط التماس الفاصل بين قطاع غزة و"إسرائيل"، وهو مخصص للحركة التجارية من وإلى القطاع، وكذلك لتصدير الخضراوات إلى الضفة الغربية.

3. **معبر بيت حانون (إيريز):** يقع شمال قطاع غزة، وهو مخصص لعبور العمال والتجار ورجال الأعمال والشخصيات المهمة.

4. **معبر صوفا:** يقع في الجنوب الشرقي من خان يونس، وهو معبر يصل القطاع و"إسرائيل"، ويستخدم لدخول العمال ومواد البناء إلى قطاع غزة.

5. **معبر كرم أبو سالم (كيرم شالوم):** يقع معبر كرم أبو سالم جنوب قطاع غزة، وهو مخصص لاستيراد البضائع من مصر عبر "إسرائيل"، واعتمده الاحتلال لاستيراد محدود للبضائع ذات الطابع الإنساني.

6. **معبر ناحل عوز:** معبر مهجور ومغلق، وتم تحويله لموقع عسكري، وكان مخصصاً لدخول العمال والبضائع.

ويسلط هذا التقرير الضوء على اتفاقية المعابر الموقعة بين السلطة الفلسطينية و"إسرائيل" في 2005/11/15 وأهم بنودها، مستعرضاً السلوك الإسرائيلي بعد توقيعها، إلى جانب الأداء الفلسطيني والعربي والدولي.

خريطة رقم (1): المعابر المحيطة بقطاع غزة

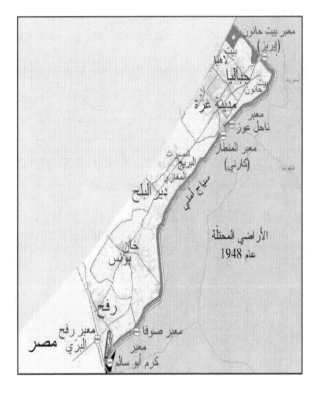

أولاً: توقيع اتفاقية المعابر 2005

بعد شهرين تقريباً من المناقشات أُعْلن عن التوصل إلى اتفاق بين الجانبين الإسرائيلي والفلسطيني حول حرية التنقل من وإلى قطاع غزة ولاسيما إعادة فتح معبر رفح، ونص الاتفاق على أن يفتح معبر رفح في الخامس والعشرين من شهر تشرين الثاني/ نوفمبر 2005 بإدارة مصرية فلسطينية، وبإشراف الاتحاد الأوروبي الذي يمثل فريقه الطرف الثالث. ويستخدم المعبر لمرور مواطني السلطة الفلسطينية. وعلى السلطة بموجب الاتفاق أن تبلغ "إسرائيل" بدخول الدبلوماسيين الأجانب أو المستثمرين الأجانب أو الضيوف غير المواطنين في السلطة الفلسطينية. وبموجب الاتفاق فإن "إسرائيل" تملك الحق في أن تتحفظ على دخول أي منهم، لكن القرار النهائي سيكون للسلطة في هذا الأمر.

واتُّفق في حينه على أن يسري الاتفاق الذي أنجزته وزيرة الخارجية الأميركية كوندوليزا رايس Condoleezza Rice مدة سنة كاملة.

كما يحق للفريق الأوروبي أن يطلب تفتيشاً إضافياً للمسافرين الفلسطينيين أو حقائبهم، إذا ما رأى حاجة إلى ذلك. وفي المرحلة الأولى لم يسمح الاتفاق بمرور السيارات عن طريق معبر رفح، وإنما عن طريق معبر كرم أبو سالم، إلى حين اكتمال البنية التحتية التي تسمح بذلك في معبر رفح، وهو ما لم يُنجز حتى كتابة هذا التقرير.

وبالنسبة لمعبر كرم أبو سالم، يسمح الاتفاق بدخول الحمولات التجارية من سيناء إلى قطاع غزة، عن طريق المسرب الجديد في المعبر، على أن تبقى الترتيبات الجمركية كما كانت في السابق، ويجرى فحص البضائع الفلسطينية بإشراف إسرائيلي، على أن يقرر الأوروبيون بعد عام واحد ما إذا كان سيستمر العمل بهذه الطريقة أم لا.

أما معبر المنطار فيتم تجميع البضائع فيه ونقلها من معبر بيت حانون ومن معابر الضفة الغربية، ويسمح بدخول 150 شاحنة عن طريقه يومياً، وهو الحد الأدنى من الاحتياجات لضمان سير الاقتصاد الفلسطيني، بناء على تقدير البنك الدولي.

وفيما يخص الربط بين الضفة الغربية وقطاع غزة، نصت الاتفاقية على أن تقبل "إسرائيل" بالالتزام بتوصية المبعوث الأوروبي للسلام جيمس ولفنسون James Wolfensohn لتسيير قوافل محروسة للمسافرين حتى 2005/12/15، والبضائع حتى 2006/1/15، عن طريق لجنة مشتركة.

وحول ميناء غزة والمطار، ينص الاتفاق على أن يجري العمل على إقامة ميناء غزة بنفس طريقة الإشراف الأوروبي على معبر رفح، على أن تبدأ عملية إعادة ترميم مطار الدهنية فوراً[1].

كما توصل الجانبان الفلسطيني والمصري إلى اتفاق آخر لتسهيل مرور المواطنين الفلسطينيين عبر معبر رفح، وذلك في ختام الاجتماعات المكثفة التي عقدها محمد دحلان وزير الشؤون المدنية، في ذلك الوقت، وممثلين عن الوزارات المصرية المختلفة، وفقاً للمعايير المتفق عليها وهي:

1. إعفاء المواطنين الفلسطينيين ممّن هم أصغر من 18 عاماً وأكبر من 40 عاماً من الحصول على تأشيرة دخول إلى مصر، بالإضافة إلى الاستثناءات التي أقرت في السابق من الجانب المصري، وتشمل كلاً من: السيدات القادمات للدراسة في المعاهد والجامعات المصرية، بموجب شهادة قيد في إحدى الجامعات، وحملة الجوازات الدبلوماسية، وأعضاء الوفود الرسمية ومرافقيهم، والقادمين برفقة والديهم، والتجار الفلسطينيين.بموجب تنسيق مع السلطة؛ وذلك وفقاً للقواعد والضوابط المعمول بها، والتي تقتضي حمل الفلسطينيين لجواز سفر فلسطيني صالح وإقامة وتأشيرة عودة لحاملي الوثائق الأخرى.

2. فتح معبر رفح أمام حركة العبور على مدار اليوم.

3. الاستفادة من مطار العريش لخدمة حركة التجار من وإلى قطاع غزة.

4. إنهاء إجراءات عبور البضائع على الجانب المصري في معبر رفح.

5. تفعيل الاتفاقية المصرية الفلسطينية الخاصة بتسيير الإجراءات الجمركية بين الجانبين، ومراجعة تنفيذ الخطوات التي تم الاتفاق عليها بين الجانبين في مجال تسهيل التجارة وتيسير الإجراءات.

6. تبادل المعلومات الجمركية فيما يتعلق بالأصناف الممنوعة وغير المصرح للعابرين باصطحابها، والتنسيق بين الجانبين في مجال مكافحة التهريب الجمركي.

7. إقامة مكاتب ارتباط وتنسيق بين الجانبين في المجالات الأمنية والمدنية لمواجهة أية مشاكل قد تطرأ خلال التنفيذ، فضلاً عن مكافحة التهريب[2].

ثانياً: السلوك الإسرائيلي

جاءت نتائج تطبيق اتفاقية المعابر التي وقعتها السلطة الفلسطينية و"إسرائيل" في 2005/11/15، برعاية أمريكية، مخيبة للآمال. فعلى الرغم من أن الاتفاقية جاءت بهدف "دعم النمو الاقتصادي السلمي، وتحسين الوضع الإنساني على أرض الواقع"، كما جاء في ديباجة الاتفاقية[3]، إلا أن سلطات الاحتلال الإسرائيلي لم تحترم الالتزامات الواردة فيها؛ بل إن السلطات المحتلة نسفت محتواها كلياً، وأصبحت تكرس السيطرة الفعلية، وتتحكم في حياة الفلسطينيين، وفي كافة مناحي حياتهم الاقتصادية والاجتماعية والثقافية والسياسية.

إن حصاد ثلاثة أعوام تلت توقيع الاتفاقية، وما تخللها من إغلاقات إسرائيلية للمعابر لفترات طويلة ومتكررة، تارة تحت حجة الوضع الأمني ومستلزماته، وتارة أخرى بسبب غياب المراقبين الأوروبيين، جعل الآمال المتوقفة على نتائج هذه الاتفاقية تذهب أدراج الرياح، وجعل ركائز السلطة وعلى رأسها الركيزتين الاقتصادية والسيادية تتصدع بشكل مقلق، وهذا ما دفع رئيس مكتب الأمم المتحدة لتنسيق الشؤون الإنسانية في الأرض الفلسطينية المحتلة (أوتشا) Office for the Coordination of Humanitarian Affairs-Occupied Palestinian Territory (OCHA-OPT) ديفيد شيرير David Shearer للقول: "بصراحة، أعتقد أنه من المستحيل إقامة اقتصاد سوق فلسطيني قادر على البقاء، في ظل الإغلاقات التي تُفرض على الضفة الغربية وقطاع غزة"[4].

وإذا نظرنا إلى العام الأول من تطبيق الاتفاقية، حيث ساد الاستقرار الأمني والسياسي، وخاصة في النصف الأول من العام، نجد أنه بدلاً من أن يكون عام رخاء اقتصادي وازدهار، كان على العكس من ذلك، حيث أصدر مكتب أوتشا في 2006/11/30 تقريراً اتهم فيه "إسرائيل" بخرق جميع بنود اتفاقية المعابر دون استثناء،

وذكر أنه:

لا يزال وصول الفلسطينيين الذين يسكنون في قطاع غزة إلى الضفة الغربية والعالم الخارجي، محدوداً للغاية، كما أن هناك إهمالاً لعملية تدفق السلع التجارية، وارتفاعاً في نسبة القيود المفروضة على التنقل داخل الضفة الغربية. ولم يطرأ أي تطور اقتصادي سلمي كما كان متوقع [متوقعاً] في اتفاقية التنقل والوصول بل حلّ مكان هذا تدهوراً على الوضع الإنساني وارتفاع في نسبة العنف. ونتيجة للإغلاق المتزايد على معابر قطاع غزة تدهور الوضع الاقتصادي خلال الإثني عشر أشهر الماضية، [أي الفترة بين 2005/11/15 حتى تشرين الثاني/ نوفمبر 2006][5].

كما نرى أن "إسرائيل" التي لم تكن تعير اهتماماً كبيراً لروح الاتفاقية وبنودها في الفترة التي سبقت سيطرة حركة حماس على قطاع غزة في منتصف حزيران/ يونيو 2007، اتخذت من تلك السيطرة ذريعة جديدة لإغلاق المعابر في 2007/6/15، مُحكمةً حصارها المفروض أصلاً على القطاع[6]. ولإضفاء "مسحة إنسانية" على تصرفاتها، خصصت "إسرائيل" معبري المنطار وصوفا لنقل البضائع التجارية والمساعدات الإنسانية إلى القطاع[7].

وفي 2007/9/19 رفعت "إسرائيل" من سقف تصعيدها المعنوي والمادي ضد قطاع غزة، إذ أعلنته "كياناً معادياً"، وأتبعت ذلك بفرض سلسلة من القيود الإضافية على القطاع[8]. وقد ذكر البنك الدولي في تقرير أعده عن الوضع الاقتصادي في قطاع غزة والضفة الغربية في تشرين الثاني/ نوفمبر 2007 أن عدم القدرة على التنبؤ بعمل المعابر التجارية أدى إلى عدم قدرة المنشآت على استيراد وتصدير المنتجات بطريقة مخططة ومربحة، كما تسببت هذه الأوضاع في إغلاق المشاريع وهجرة رؤوس الأموال والعقول إلى الخارج[9].

وفي 2008/1/18 كان التصعيد الأعلى، حيث أمر وزير الدفاع الإسرائيلي إيهود باراك Ehud Barak بـ"إقفال كل المعابر" مع قطاع غزة[10]، كما قطعت "إسرائيل" إمدادات الوقود بشكل كامل عن القطاع، متسببة بإغراق معظم أجزائه في ظلام دامس، نتيجة توقف عمل محطات توليد الكهرباء في 2008/1/20[11]. وفي 2008/5/27 أشار مسؤولون في وزارة الدفاع الإسرائيلية إلى إن الجيش يخطط لتقليص عدد المعابر الحدودية ونقلها إلى عدة كيلومترات داخل الأراضي الإسرائيلية بغية إنشاء منطقة عازلة مع قطاع غزة[12].

وفي 2008/6/19 عقدت فصائل المقاومة الفلسطينية في قطاع غزة و"إسرائيل" اتفاق تهدئة بوساطة مصرية استمر حتى 2008/12/19، وقضى هذا الاتفاق بوقف الاعتداءات الإسرائيلية على قطاع غزة، ورفع الحصار، وفتح المعابر مقابل وقف فصائل المقاومة لعملياتها، وخصوصاً إطلاق الصواريخ على البلدات الإسرائيلية المجاورة للقطاع. غير أن "إسرائيل" لم تلتزم بشروط التهدئة؛ إذ خرقت الاتفاق 195 مرة[13]، وبلغ عدد الشهداء الذين سقطوا في قطاع غزة خلال فترة التهدئة 22 شهيداً[14].

كما لم يتم فتح معابر القطاع، فطبقاً لبيانات المركز الفلسطيني لحقوق الإنسان، فإن معبر رفح خلال فترة التهدئة ظل مغلقاً طيلة 163 يوماً وفتح جزئياً 20 يوماً. كما ظل معبر بيت حانون مغلقاً بالكامل طوال تلك الفترة. فيما أغلق معبر المنطار في وجه الصادرات والواردات من وإلى قطاع غزة 149 يوماً، وفتح لإدخال كميات محدودة لمدة 34 يوماً. وأغلق معبر ناحل عوز (المخصص لإمداد قطاع غزة بالوقود) 78 يوماً بصورة كلية، وفتح لإدخال كميات محدودة لمدة 105 أيام. وأغلق معبر كرم أبو سالم 127 يوماً بصورة كلية، وفتح لمدة 56 يوماً[15].

وأكد رئيس اللجنة الشعبية لمواجهة الحصار النائب جمال الخضري، أن سلطات الاحتلال لم تسمح خلال شهر تشرين الثاني/ نوفمبر 2008 بفتح معابر غزة أمام

البضائع، والمساعدات الإنسانية سوى مرة واحدة أدخلت من خلالها 10% من احتياجات القطاع من المواد الغذائية الأساسية. وأضاف أنه خلال ستة أشهر من اتفاق التهدئة لم تعمل المعابر إلا بأقل من 35% من طاقتها الدنيا[16].

شنّ الجيش الإسرائيلي عدواناً واسعاً على قطاع غزة في 2008/12/27، وتواصل هذا العدوان 22 يوماً، وأسفر عن سقوط 1,334 شهيداً و5,450 جريحاً[17]. وقد تكبد قطاع غزة خسائر اقتصادية مباشرة بقيمة 1.9 مليار دولار نتيجة هذا العدوان[18]، وبلغت الخسائر المباشرة في البنية التحتية حوالي 1.2 مليار دولار[19]. وخلال فترة العدوان، تمّ إغلاق معابر القطاع بشكل كامل إلا في بعض الحالات التي تمّ فيها إدخال كميات قليلة من المساعدات الطبية أو الغذائية، أو إخراج بعض الجرحى للعلاج.

اقتصر الحديث الإسرائيلي، غداة إعلان وقف إطلاق النار في 2009/1/18، على السماح بدخول المساعدات الإنسانية إلى قطاع غزة مع ربط ذلك بالهدوء التام؛ إذ صرح الناطق باسم إيهود أولمرت Ehud Olmert أنه في حال صمد وقف النار، فإن المعابر ستفتح لكمٍّ هائلٍ من الدعم الإنساني[20]. وفي تشدد واضح هدف إلى تحريك ملف الجندي الإسرائيلي جلعاد شاليط Gilad Shalit، ربطت وزيرة الخارجية الإسرائيلية تسيبي ليفني Tzipi Livini فتح المعابر بإطلاق سراح شاليط حيث قالت "من الواضح لي أنه في هذه المرحلة ستحاول حركة حماس، والأسرة الدولية الضغط على إسرائيل بشأن المعابر مع قطاع غزة وأمور أخرى. ولهذا، فإنني أقول منذ الآن وبشكل واضح، إذا أرادت حركة حماس الحصول على شيء من إسرائيل، فلإسرائيل شخص هو جلعاد شاليط، ونحن نريد استلامه"[21].

ويسلط التقرير الضوء فيما يلي على طبيعة السلوك الإسرائيلي تجاه اتفاقية المعابر وما رافقه من انتهاكات لبنودها، مورداً دلالات رقمية على تلك الانتهاكات.

1. معبر رفح:

قبل استكمال الاحتلال الإسرائيلي انسحابه من قطاع غزة في 2005/9/12، أوقفت "إسرائيل" العمل في معبر رفح بتاريخ 2005/9/7، تحضيراً لإتمام فك ارتباطها بالقطاع، وبقي المعبر مغلقاً حتى إعادة افتتاحه بتاريخ 2005/11/25. بموجب اتفاقية المعابر المبرمة قبلها بعشرة أيام، غير أن المعبر بدأ بالعمل بشكل جزئي لفترة 4-5 ساعات يومياً ولمدة ثلاثة أسابيع، بذريعة عدم اكتمال أفراد بعثة المساعدة الحدودية للاتحاد الأوروبي. وفي أواسط كانون الأول/ ديسمبر 2005 زادت ساعات العمل إلى ثمانية ساعات يومياً، واستمر العمل في المعبر على هذه الوتيرة حتى أوائل 2006، حيث وافقت "إسرائيل" على تشغيل المعبر لمدة 10 ساعات يومياً، وقد بلغ متوسط سكان القطاع المسافرين إلى مصر والخارج خلال تلك الفترة نحو 535 مواطناً يومياً، فيما بلغ متوسط السكان العائدين من مصر والخارج إلى القطاع نحو 531 يومياً.[22]

وبتاريخ 2006/6/25 صعدت السلطات "الإسرائيلية" من حصارها على قطاع غزة بصورة غير مسبوقة، وذلك في أعقاب عملية خطف الجندي جلعاد شاليط على يد ثلاث مجموعات فلسطينية مسلحة في معبر كرم أبو سالم. ومنذ ذلك التاريخ بدأت "إسرائيل" بإغلاق شامل للمعبر، باستثناء فتحه لساعات محدودة في فترات زمنية متباعدة لا تفي بحاجة الحالات الضرورية لسكان القطاع، وقد أدى ذلك إلى عزل القطاع كلياً عن العالم الخارجي. وكانت صحيفة هآرتس الإسرائيلية Haaretz كشفت في عددها الصادر في 2006/6/30 النقاب عن وثيقة سرية أعدها جيش الاحتلال الإسرائيلي وجهاز الأمن العام (الشاباك) جاء فيها أن الجهازين يؤيدان إغلاق معبر رفح بشكل كامل، بهدف تفعيل الضغط على الفلسطينيين لإطلاق سراح الجندي الإسرائيلي جلعاد شاليط، في مخالفة صريحة لاتفاقية المعابر. وبرّر الناطق بلسان وزير الأمن ذلك الإجراء بقوله إنه نابع من تلقي الأجهزة الأمنية

الإسرائيلية بلاغات محددة ومؤكدة حول نية التنظيمات الفلسطينية تنفيذ عمليات عسكرية ضد جنود الاحتلال المرابطين في المعبر[23].

ووفقاً لتوثيق المركز الفلسطيني لحقوق الإنسان، بلغ عدد أيام إغلاق معبر رفح خلال الفترة من 2005/11/26 إلى 2006/12/31، 159 يوم إغلاق كلي، في حين فُتِحَ لمدة 31 يوماً بشكل جزئي ولساعات محدودة[24]. وأما منذ بداية العام 2007 وحتى 2008/1/9 فقد أغلقت سلطات الاحتلال المعبر لمدة 308 أيام، وذلك وفقاً لتوثيق المركز الفلسطيني لحقوق الإنسان[25]. وبهذا تكون سلطات الاحتلال قد أغلقت المعبر كلياً لمدة 457 يوماً من أصل 776 يوماً، بنسبة 59% تقريباً منذ توقيع اتفاقية المعابر وحتى 2008/1/9. واستمر إغلاق المعبر من 2008/1/9 إلى 2008/4/1[26]، وفي 2008/4/19 فتحت السلطات المصرية المعبر لعودة 30 جريحاً فلسطينياً تم علاجهم في مستشفيات القاهرة[27]. كما فُتح بشكل مؤقت في 2008/5/10 لمدة ثلاثة أيام حيث دخل 1,433 شخصاً، منهم 938 شخصاً جاؤوا من قطاع غزة من المرضى والعالقين وذوي الإقامات في الخارج والحالات الإنسانية، و495 شخصاً توجهوا إلى قطاع غزة من العالقين في الجانب المصري[28].

ويشير تقرير آخر صادر عن المركز الفلسطيني لحقوق الإنسان حول إغلاق المعابر خلال الفترة 6/26-2008/10/31، أي بعد أيام من توقيع اتفاقية التهدئة في 2008/6/19، إلى أن معبر رفح أغلق بشكل تام طيلة أيام الفترة، فيما فتح استثنائياً لمدة ستة أيام فقط، ولساعات محدودة، للمغادرين والقادمين من سكان القطاع، خاصة المرضى، والطلبة والمقيمين في الخارج الذين تعطلت مصالحهم لفترات طويلة. وهو ما ترتب عليه حرمان 4,630 مواطن من سكان القطاع من السفر خارج القطاع، للعلاج أو مواصلة الدراسة. وطبقاً لبيانات المركز، فإن معبر رفح ظلّ مغلقاً بشكل كامل 489 يوماً منذ 2007/6/12 وحتى 2008/10/31[29].

2. معبر المنطار (كارني):

أصبح هذا المعبر، المخصص لتصدير واستيراد البضائع من وإلى قطاع غزة، عبئاً على سكان القطاع، وخاصة تجاره ومزارعيه، الذين تطلب منهم الأمر أن يدفعوا أموالاً طائلة لنقل البضائع واستيرادها، فقد قامت قوات الاحتلال بإغلاقه كلياً أو جزئياً أياماً كثيرة.

وقد نقلت صحيفة "هآرتس" في 2006/6/21 عن تقرير لمركز بيريز للسلام حول معبر المنطار، أن المعبر يعمل بشكل مقلص جداً، مما يؤدي إلى تباطؤ النمو الاقتصادي في القطاع. وأشار التقرير إلى أن اتفاق المعابر الموقع في تشرين الثاني/ نوفمبر 2005، ينص على التزام "إسرائيل" بالسماح بمرور 150 شاحنة بضائع، للتصدير من القطاع، كل يوم [30].

ربما يكون إيصال البضائع من ميناء أشدود في "إسرائيل" إلى معبر كارني هو الأغلى والأكثر تكلفة في العالم. إذ إنه على الرغم من أن المسافة بين أشدود وكارني لا تزيد عن 40 كيلومتراً، إلا أنه، حسبما يذكر مستوردون فلسطينيون، فقد اضطروا إلى أن يدفعوا لسائقي الشاحنات الإسرائيليين والوسطاء الفلسطينيين زهاء 7,100 دولار أي أكثر من السعر العادي بعشرة أمثال لإدخال بضائع من أشدود إلى غزة عبر معبر المنطار التجاري الرئيسي. وتُكلف الشحنة ذاتها إلى أشدود من مدينة شنغهاي الصينية التي تبعد مسافة 7,368 ميلاً بحرياً أو من لوس أنجلوس التي تبعد 9,281 ميلاً بحرياً ما بين ألفين وثلاثة آلاف دولار [31].

كما قامت "إسرائيل" بخرق بنود اتفاق المعابر، فقد أوردت صحيفة الرأي الأردنية بتاريخ 2006/12/1 أن المنسق الدولي للشؤون الإنسانية في الأراضي الفلسطينية المحتلة، اتهم "إسرائيل" بخرق كافة بنود اتفاق المعابر الذي تم التوصل إليه مع السلطة الفلسطينية قبل سنة. وجاء في تقرير نشر بمناسبة مرور عام على الاتفاق، إن "إغلاق

المعابر طوال غالبية أيام السنة أدى إلى ارتفاع نسبة البطالة في قطاع غزة من 33.1%
في العام 2005 إلى 41.8% في العام الحالي"[32].

وحسب التقرير، فقد أقدمت "إسرائيل" منذ اختطاف الجندي جلعاد شاليط في
2006/6/25، على إغلاق المعابر لفترات تصل نسبتها إلى 86% من عدد الأيام التي
مضت منذ الاختطاف. لكن التقرير يؤكد أن "إسرائيل" خرقت الاتفاق قبل اختطاف
الجندي أيضاً، حيث يوضح أن "إسرائيل" لم تلتزم منذ كانون الثاني/ يناير 2006،
بزيادة عدد شاحنات البضائع التي يفترض مرورها عبر معبر المنطار، وجاء في التقرير
أن عدد الشاحنات التي كانت تمر عبر المعبر بلغ 12 شاحنة يومياً حتى منتصف كانون
الثاني/ يناير 2006، وبموجب الاتفاق كان يتحتم على "إسرائيل" زيادة عدد الشاحنات
ليصل إلى 400 شاحنة يومياً حتى نهاية 2006[33].

بلغ عدد أيام إغلاق المعبر، وفقاً لتوثيق المركز الفلسطيني لحقوق الإنسان منذ
2005/11/25 إلى 2006/11/24، ما مجموعه 112 يوماً أغلق فيها المعبر إغلاقاً كلياً،
و142 يوماً أغلق فيها المعبر إغلاقاً جزئياً[34]. ونتيجة للإغلاق المتواصل للمعبر عانت
أسواق القطاع من نقص كبير في العديد من السلع والمواد الغذائية والأدوية. وفي عام
2007 تدهورت أوضاع المعابر التجارية للقطاع، والخاصة بحركة ومرور إمدادات
البضائع الواردة والصادرة، حيث أغلق معبر المنطار، وهو المعبر التجاري الرئيسي
للقطاع، خلال عام 2007 لمدة 121 يوماً إغلاقاً كلياً، ولمدة 56 يوماً إغلاقاً جزئياً وفقاً
لتوثيق المركز الفلسطيني لحقوق الإنسان[35]. كما استمر إغلاق المعبر من 2008/1/10
إلى 2008/4/1، تخلل هذه المدة تشغيل الخط الآلي لنقل الدقيق وعلف الحيوانات لعدة
أيام من كل شهر[36].

وأغلق معبر المنطار خلال الفترة 6/26-2008/10/31، أي بعد أيام من توقيع اتفاقية
التهدئة في 2008/6/19، لمدة 106 أيام إغلاقاً كلياً، وبنسبة 83% من إجمالي أيام

تلك الفترة، فيما فتح جزئياً لمدة 22 يوماً فقط، وبنسبة 17% للسماح بتوريد كميات محدودة من الأعلاف والحبوب. وقد سمحت قوات الاحتلال الإسرائيلية خلال تلك الفترة بإدخال 2,600 شاحنة محملة بالأعلاف والحبوب ومادة الحصمة إلى قطاع غزة. وطبقاً لبيانات المركز الفلسطيني لحقوق الإنسان، فإن معبر المنطار ظلّ مغلقاً بشكل كلي 368 يوماً منذ 2007/6/13 وحتى 2008/10/31، فيما سمح بفتحه جزئياً لمدة 82 يوماً[37].

3. معبر بيت حانون (إيريز):

كان هذا المعبر يستخدم لعبور عمال قطاع غزة إلى "إسرائيل"، بالإضافة إلى الوفود الدبلوماسية، كذلك كان مخصصاً لعبور الحالات الإنسانية والتي كانت تمنح تصاريح لزيارة الأهل أو لزيارة الأماكن الدينية المسيحية والإسلامية، وزيارة أهالي القطاع لذويهم في السجون الإسرائيلية ووصول بعض الطلبة لجامعاتهم في الضفة الغربية، كما كان يستخدم كمنفذ لواردات القطاع من الإسمنت والمواد الغذائية الواردة للقطاع عبر الموانئ "الإسرائيلية"، كما استخدم هذا المعبر ولفترة أقل من عام قبل اندلاع انتفاضة الأقصى في 2000/9/29 كممر آمن، وفقاً لبروتوكول جرى توقيعه بين السلطة الفلسطينية وحكومة "إسرائيل" في 1999/10/5، غير أنه أغلق تماماً أمام حركة وتنقل فلسطينيي القطاع إلى الضفة وبالعكس، وذلك عشية انتفاضة الأقصى.

ومنذ تطبيق خطة الفصل الأحادي الجانب عن قطاع غزة، وفي أعقاب توقيع اتفاقية المعابر طرأت تغيرات كبيرة على وضع المعبر، فقد قلصت سلطات الاحتلال العمالة الغزية في "إسرائيل" تدريجياً، إلى أن منعت دخول كافة عمال القطاع إلى أعمالهم في "إسرائيل" بشكل كامل، حيث بلغ عدد العمالة الغزية 25 ألف عامل قبل نهاية عام 2000، وخلال عام من تطبيق الاتفاقية فُرِضَت قيود إضافية على حركة التجار الفلسطينيين للمرور إلى "إسرائيل" والضفة الغربية، حيث لم يتجاوز المتوسط

الشهري لعدد التجار، الذين سمح لهم بالتنقل والحركة عبر المعبر 86 تاجراً، خلال الخمسة شهور الأولى من تطبيق الاتفاقية، فيما منع التجار كلياً من المرور طيلة فترة أربعة أشهر (نيسان/ أبريل حتى تموز/ يوليو 2006) إلى "إسرائيل" والضفة الغربية[38].

وأشار المركز الفلسطيني لحقوق الإنسان إلى أن العمال الغزيين الذين سمح لهم بالمرور إلى أماكن عملهم في "إسرائيل" خلال الخمسة أشهر التي تلت تطبيق اتفاقية المعابر، تعرضوا لمعاملة قاسية ومهينة على يد جنود الاحتلال الإسرائيلي. حيث خضع هؤلاء العمال لأعمال تفتيش مهينة ومذلة، وكانت رحلة العمل اليومية تشكل درباً من الإرهاق، والتعب وتدهور أوضاعهم الصحية. فقد كانوا يضطرون للوصول إلى المعبر خلال منتصف الليل، وذلك ليتسنى لهم الدخول إلى "إسرائيل" عبر المعبر بعد ساعات طويلة من الانتظار. وكانت رحلة المعاناة اليومية للعامل تصل إلى ما بين 16-18 ساعة يومياً، وبتاريخ 2006/3/12 أغلقت سلطات الاحتلال الإسرائيلي المعبر كلياً بوجه العمالة الغزية، وحرم آلاف العمال الغزيين من مصادر رزقهم. وخلال الفترة من 2005/11/25 إلى 2006/11/24، بلغ عدد أيام إغلاق معبر بيت حانون 254 يوماً، وهي نسبة تصل إلى 69.6%، فيما عمل المعبر بنسبة متدنية لم تتعد 30.4% من أيام عمله المفترضة وبصورة جزئية[39].

كما واصلت سلطات الاحتلال الإسرائيلي إغلاق المعبر أمام حركة وتنقل سكان القطاع، طيلة أيام سنة 2007، فيما فتح المعبر جزئياً لمدة سبعة أيام لسفر فوجين من حجاج القطاع، إلى الديار الحجازية، لأداء فريضة الحج، ولسفر مسيحيي القطاع إلى مدينة بيت لحم للاحتفال بعيد الميلاد المجيد. وبتاريخ 2007/12/30 سمحت سلطات الاحتلال للحجاج، الذين غادروا قطاع غزة عن طريق معبر بيت حانون، بالعودة إليه عن طريق نفس المعبر[40]. في حين أغلقت سلطات الاحتلال المعبر منذ بداية عام 2008 وحتى 2008/4/1، باستثناء السماح لعدد محدود من التجار الفلسطينيين والعاملين في المنظمات الإنسانية والحالات الطبية التي منحت تقارير خاصة[41].

كما واصلت قوات الاحتلال الإسرائيلي إغلاق معبر بيت حانون أمام حركة وتنقل سكان قطاع غزة خلال الفترة 26/6-2008/10/31، فيما سمحت لأعضاء البعثات الدبلوماسية، وبعض العاملين في المنظمات الدولية، وبعض المرضى من ذوي الحالات الخطيرة، بالتنقل عبر المعبر، وفق قيود مشددة وإجراءات أمنية معقدة. وتواصل "إسرائيل" حرمان أهالي أسرى قطاع غزة من زيارة أبنائهم المعتقلين في سجون الاحتلال منذ 2007/6/6[42].

4. معبر صوفا التجاري:

أغلقت سلطات الاحتلال الإسرائيلي المعبر من 2005/11/24 إلى 2006/11/25، واستناداً لتوثيق المركز الفلسطيني لحقوق الإنسان بلغ عدد أيام إغلاق المعبر خلال تلك الفترة 186 يوماً إغلاقاً كلياً أمام واردات القطاع من الحصمة ومواد البناء الأخرى، مما أدى إلى حدوث أزمات في قطاع البناء والإنشاءات المتنوعة العامة والخاصة، بينما توقفت حركات البناء والمشاريع في المدن والقرى. وفي المقابل بقي المعبر مغلقاً طيلة أيام العام (365 يوماً) في وجه العمال الذين كانوا يدخلون إلى "إسرائيل" من خلاله[43].

وفي الوقت نفسه أغلقت سلطات الاحتلال الإسرائيلي خلال سنة 2007 معبر صوفا لمدة 300 يوم أمام واردات القطاع من مادة الحصمة ومواد البناء الأخرى، وفتح جزئياً لإدخال المساعدات الإنسانية إلى القطاع بسبب إغلاق معبر المنطار[44].

وبعد تشديد الحصار على قطاع غزة خصصت "إسرائيل" المعبر كبديل ثانوي لمعبر المنطار، لاستيراد الاحتياجات الإنسانية. وعلى الرغم من ذلك فإن المعبر عمل بشكل جزئي وغير منتظم[45]. حيث تم فتح المعبر من 2007/12/26 إلى 2008/1/8 لمدة ثمانية أيام، تم السماح بإدخال 223 شاحنة، بما يتضمن 106 شاحنات من المنظمات الإنسانية[46]. وخلال 9-2008/1/22 فُتِحَ لمدة خمسة أيام، تم السماح بادخال ما مجموعه

169 شاحنة، بما يتضمن 58 شاحنة من المنظمات الإنسانية[47]. وما بين 2008/1/23 و2008/2/5، فتح لفترة خمسة أيام تم السماح بإدخال ما مجموعه 126 شاحنة، بما يتضمن 87 شاحنة من المنظمات الإنسانية[48]. وخلال 6-2008/2/19، فتح لمدة 10 أيام، تم السماح بإدخال ما مجموعه 434 شاحنة، بما يتضمن 164 شاحنة من المنظمات الإنسانية[49]. ومن 2008/2/20 إلى 2008/3/4 فتح لمدة 10 أيام، تم السماح بإدخال 564 شاحنة، بما يتضمن 157 شاحنة من المنظمات الإنسانية[50]. وخلال 5-2008/3/18 فتح لمدة 10 أيام، تم السماح بإدخال 536 شاحنة، بما يتضمن 23 شاحنة من المنظمات الإنسانية[51]. ومن 2008/3/19 إلى 2008/4/1 فتح لمدة ثمانية أيام، تم السماح بإدخال حمولة 714 شاحنة بما يتضمن 36 شاحنة من المنظمات الإنسانية[52].

وخلال الفترة 6/26-2008/10/31 أغلق معبر صوفا لمدة 45 يوماً إغلاقاً كلياً، وبنسبة 35% من إجمالي الفترة، بينما فتح جزئياً، ولساعات محدودة، ولمدة 83 يوماً، وبنسبة 65% من إجمالي أيام الفترة، لإدخال السلع الأساسية وبعض المساعدات الإنسانية لصالح وكالة الأونروا UNRWA ومنظمة الغذاء العالمية إلى قطاع غزة. كما سمحت "إسرائيل" بدخول نحو أربعة آلاف شاحنة تحمل مواد غذائية إلى القطاع[53].

5. معبر كرم أبو سالم التجاري (كيرم شالوم):

أغلقت سلطات الاحتلال الإسرائيلي المعبر في الفترة من 2005/11/24 إلى 2006/11/25 لمدة 314 يوماً، ولم تفتحه سوى 51 يوماً، ولساعات محدودة حيث يُسمح لمرور بعض الشاحنات المحملة بالمساعدات الإنسانية القادمة من مصر أو عبر حدودها[54].

وفي عام 2007 أشار المركز الفلسطيني لحقوق الإنسان إلى أن "إسرائيل" أغلقت المعبر لمدة 186 يوماً[55]. وتم فتح المعبر من 2007/12/26 إلى 2008/4/1 لمدة 42 يوماً، وتم السماح بإدخال 1,069 شاحنة، من ضمنها 96 شاحنة إنسانية[56].

وأغلق معبر كرم أبو سالم خلال الفترة 26/6-2008/10/31، أي بعد أيام من بدء التهدئة، لمدة 88 يوماً بشكل تام، وبنسبة 69% من إجمالي الفترة، فيما فتح جزئياً لمدة 40 يوماً فقط، وبنسبة 31% من إجمالي أيام الفترة، سمحت خلاله سلطات الاحتلال بإدخال السلع الأساسية، والمساعدات الإنسانية إلى قطاع غزة، وذلك بعد استمرار إغلاقه لأكثر من أربعة شهور بشكل متواصل. وكانت سلطات الاحتلال الإسرائيلي قد أغلقت المعبر في 2008/4/19، وأعادت فتحه في 2008/8/18. وسمحت "إسرائيل" بدخول 2,230 شاحنة تحمل السلع المسموح بدخولها إلى القطاع، والتي كانت تدخل عن طريق معبر صوفا[57].

6. معبر ناحل عوز:

أغلقت سلطات الاحتلال الإسرائيلي المعبر 62 يوماً في العام الأول من تطبيق الاتفاقية (2005/11/24-2006/11/25)، فيما عمل لمدة 303 أيام بطاقة متدنية جداً. وقد بلغ متوسط عدد الشاحنات الواردة يومياً إلى القطاع عبره 23 شاحنة محملة بالوقود[58]. وفي عام 2007 أكد المركز الفلسطيني لحقوق الإنسان أن قوات الاحتلال أغلقت المعبر مدة 92 يوماً أمام واردات القطاع من الوقود[59]، وقد أدى الإغلاق المتكرر للمعبر إلى أزمة خانقة في الغاز والبنزين والسولار ولفترات طويلة.

وطبقاً لبيانات المركز الفلسطيني لحقوق الإنسان، فقد أغلق معبر ناحل عوز خلال الفترة 26/6-2008/10/31 لمدة 41 يوماً بشكل كلي، توقفت خلالها كافة إمدادات قطاع غزة من جميع أنواع المحروقات، وعانى القطاع جراء نفاد كافة أنواع الوقود والمحروقات؛ حيث لم يصل قطاع غزة سوى 14.9% من احتياجاتها اليومية من البنزين، و51% من السولار (المازوت)، و39.6% من غاز الطهي[60].

نوضح في هذا الجدول عدد الأيام التي أغلقت فيها معابر قطاع غزة خلال فترات متفرقة من تاريخ توقيع اتفاقية المعابر في 2005/11/15 وحتى نهاية سنة 2008:

<table>
<tr><th>المعبر</th><th>عدد أيام الإغلاق الكلي</th><th>عدد أيام الإغلاق الجزئي</th><th>عدد أيام العمل</th><th>الفترة</th></tr>
<tr><td rowspan="4">رفح</td><td>159</td><td>31</td><td>175</td><td>2006/12/31-2005/11/26</td></tr>
<tr><td>308</td><td>-</td><td>57</td><td>2008/1/9-2007/1/1</td></tr>
<tr><td>102</td><td>-</td><td>-</td><td>2008/4/19-2008/1/9</td></tr>
<tr><td>163</td><td>20</td><td>-</td><td>2008/12/19-2008/6/19</td></tr>
<tr><td rowspan="4">المنطار (كارني)</td><td>112</td><td>142</td><td>111</td><td>2006/11/24-2005/11/25</td></tr>
<tr><td>121</td><td>56</td><td>188</td><td>2007</td></tr>
<tr><td>114</td><td>-</td><td>-</td><td>2008/4/1-2008/1/10</td></tr>
<tr><td>149</td><td>-</td><td>34</td><td>2008/12/19-2008/6/19</td></tr>
<tr><td rowspan="3">بيت حانون (إيريز)</td><td>254</td><td>-</td><td>-</td><td>2006/11/24-2005/11/25</td></tr>
<tr><td>365</td><td>-</td><td>-</td><td>2007</td></tr>
<tr><td>366</td><td>-</td><td>-</td><td>2008</td></tr>
<tr><td rowspan="5">صوفا</td><td>186 أمام البضائع</td><td rowspan="2">-</td><td>179 للبضائع</td><td rowspan="2">2006/11/25-2005/11/24</td></tr>
<tr><td>365 أمام العمّال</td><td>365 للعمّال</td></tr>
<tr><td>300</td><td>-</td><td>65</td><td>2007</td></tr>
<tr><td>42</td><td>56</td><td>-</td><td>2008/4/1-2007/12/26</td></tr>
<tr><td>45</td><td>83</td><td>-</td><td>2008/10/31-2008/6/26</td></tr>
<tr><td rowspan="4">كرم أبو سالم (كيرم شالوم)</td><td>314</td><td>-</td><td>51</td><td>2006/11/25-2005/11/24</td></tr>
<tr><td>186</td><td>-</td><td>179</td><td>2007</td></tr>
<tr><td>56</td><td>-</td><td>42</td><td>2008/4/1-2007/12/26</td></tr>
<tr><td>127</td><td>-</td><td>56</td><td>2008/12/19-2008/6/19</td></tr>
<tr><td rowspan="3">ناحل عوز</td><td>62</td><td>-</td><td>303</td><td>2006/11/25-2005/11/24</td></tr>
<tr><td>92</td><td>-</td><td>273</td><td>2007</td></tr>
<tr><td>78</td><td>105</td><td>-</td><td>2008/12/19-2008/6/19</td></tr>
</table>

الجدول من تجميع قسم الأرشيف والمعلومات في مركز الزيتونة للدراسات والاستشارات.

ثالثاً: الموقف الفلسطيني

اتفقت السلطة الوطنية الفلسطينية و"إسرائيل" عام 1994 على إنشاء مكاتب ارتباط مدني وعسكري لتنسيق العلاقة الأمنية والمدنية بين الجانبين كجزء من الاتفاقات السياسية والأمنية بينهما. وبعد اندلاع انتفاضة الأقصى في أيلول/ سبتمبر عام 2000، توقف الجزء الأكبر من التنسيق المدني والأمني بين الجانبين، لكنه استؤنف جزئياً بعد رحيل الرئيس ياسر عرفات. وعقب فوز حركة حماس في الانتخابات التشريعية في كانون الثاني/ يناير 2006 عاد الجانب الإسرائيلي إلى تقليص تنسيقه مع الفلسطينيين، فقرر رئيس السلطة الفلسطينية محمود عباس في 2006/3/24، إنشاء هيئة خاصة للإشراف على المعابر برئاسة صائب عريقات، في محاولة للالتفاف على الانقطاع المرتقب بين الحكومة الفلسطينية العاشرة و"إسرائيل"، تكون مهمتها إجراء اتصالات يومية مع الجانب الإسرائيلي في ما يتعلق بقضايا عبور الفلسطينيين وتنقلهم[61]، بعد أن كان الإشراف على المعابر سابقاً من صلاحيات الحكومة الفلسطينية. كما كشف سليم أبو صفية، مدير عام أمن المعابر، في 2006/6/1، النقاب عن ترتيبات تجرى لتسلّم قوات أمن الرئاسة كافة المعابر[62].

بعد سيطرة حماس على قطاع غزة في 2007/6/15، أغلقت "إسرائيل" كافة المعابر، كما توقف العمل في معبر رفح الحدودي بصورة تامة، نتيجة لانسحاب المراقبين الأوروبيين، الذين اشترطت اتفاقية المعابر الموقعة في تشرين الثاني/ نوفمبر 2005 وجودهم لاستمرار العمل في المعبر. كما سيطرت "القوة التنفيذية" التي شكلها وزير الداخلية السابق سعيد صيام، على معبر رفح وجميع النقاط الحدودية في ممر "فيلادلفي" من ناحية الأراضي الفلسطينية، بعد انسحاب حرس الرئاسة[63].

ونتيجة لتشديد الحصار على قطاع غزة بعد سيطرة حركة حماس، وإعلان "إسرائيل" القطاع كياناً معادياً، وبعد قرار وزير الدفاع الإسرائيلي إيهود باراك في 2008/1/18 "إقفال كل المعابر" مع قطاع غزة[64]، وقطع "إسرائيل" الوقود بشكل

كامل عن القطاع يوم الأحد 2008/1/20؛ كسر أهالي قطاع غزة الحصار المفروض وتدفقوا على مصر بعدما دمّر مسلحون فلسطينيون فجر الأربعاء 2008/1/23 أجزاء من السياج والجدار الإسمنتي الحدوديين[65]، ليعيد فتح الحدود بين قطاع غزة ومصر ملف اتفاقية المعابر إلى الواجهة، حيث وجدت الأطراف الفلسطينية نفسها بحاجة لإعادة فتح معبر رفح بصورة منظمة لضمان تسيير عمله.

ونحاول فيما يلي تسليط الضوء على موقف السلطة والفصائل الفلسطينية من اتفاقية المعابر الموقعة في تشرين الثاني/ نوفمبر 2005، وعلى أداء الطرف الفلسطيني على معابر قطاع غزة منذ منتصف حزيران/ يونيو 2007 وحتى كانون ثاني/ يناير 2009.

1. المواقف الرسمية:

تفاءل الفلسطينيون بإعادة تشغيل معابر قطاع غزة بعد أن سلّط "كسر الحدود" مع مصر ضوءاً ساطعاً على المشاكل التي يعانيها أهالي القطاع جراء إغلاق هذه المعابر. لكن هذه الآمال سرعان ما تبددت بعد ظهور مواقف متعارضة، يصعب الجمع بينها، للجهات الفلسطينية المؤثرة في فتح هذه المعابر، خصوصاً معبر رفح، وهي الرئاسة الفلسطينية وحكومة فياض وحركة فتح من جهة، والحكومة الفلسطينية المقالة وحركة حماس من جهة أخرى.

أ. موقف السلطة في رام الله:

تطالب السلطة بإبعاد حركة حماس كلياً عن معبر رفح، وإعادة تشغيله وفق الاتفاق القديم. حيث أعلن رئيس السلطة الفلسطينية محمود عباس رفضه إبرام أي اتفاقات جديدة لإدارة المعابر الحدودية، وقال عقب لقائه الرئيس المصري حسني مبارك في 2008/1/30، في القاهرة: "نحن مستعدون لتسلم المعابر بشرط تطبيق الاتفاقات الدولية. ولا نقبل بأي اتفاقات جديدة، ونحن ملتزمون الاتفاقات

الدولية كما هي. وعلى حماس أن تقبل بكل الالتزامات وبالشرعية الدولية...".[66]

وذكر ياسر عبد ربه، أمين سر اللجنة التنفيذية لمنظمة التحرير الفلسطينية، أن الرئيس عباس أكد لرئيس الوزراء الإسرائيلي إيهود أولمرت التزام السلطة بالاتفاق الموقع عام 2005[67]. وحذر نمر حمّاد، المستشار السياسي للرئيس الفلسطيني، من خطورة تحويل معبر رفح كلياً إلى سيادة فلسطينية، لأن ذلك سيعزز أماني إسرائيل بالتخلص من قطاع غزة كلياً، وفك ارتباطه مع الضفة الغربية[68].

كما قال وزير الخارجية والناطق الرسمي باسم حكومة فياض، رياض المالكي في 2008/1/28: "إن الحل الوحيد الممكن واقعياً لمشكلة معابر غزة يكمن في العودة إلى الاتفاق الفلسطيني – الإسرائيلي الذي تم التوصل إليه برعاية دولية عام 2005". وقال: "إن الحكومة لا تعارض تحسين شروط اتفاقية 2005"، موضحاً أن "الخطوة الأولى تتمثل في العمل على فتح معبر رفح أولاً، وبعد ذلك يمكن الحديث عن تحسين الشروط"[69].

وكان رياض المالكي قد أعلن في 2007/12/19 عن وجود خطة بلورتها الحكومة لاستعادة سيطرتها على كافة المعابر الحدودية في قطاع غزة، وقال إن عودة عمل الطواقم للعمل على المعابر بعد فتحها سوف يُسهم بصورة مباشرة في تضييق الخناق على عمل أنفاق التهريب التي "تدار من قبل عصابات أو من قبل جماعات محسوبة على حركة حماس"، على حدّ تعبيره[70]. وكشف المالكي في 2007/12/24، أن "إسرائيل" لم ترفض خطة الحكومة. وقال: "إن الحكومة ستدير معابر القطاع وستنهي الحصار المفروض عليه من دون أي تعامل أو تنسيق مع الحكومة المقالة". كما كشف المالكي أن الحكومة ستجمد تنفيذ حصة قطاع غزة من خطة التنمية التي أقرتها الدول المانحة في مؤتمر باريس لحين سيطرتها على معابر القطاع[71]. وكشف سلام فياض في 2008/1/28، أن هناك إجماعاً عربياً ودولياً على تولي السلطة إدارة معابر القطاع[72].

وفي 2008/1/22 أعلن الرئيس محمود عباس أنه طلب من "إسرائيل" نقل السيطرة على معابر قطاع غزة، إلى حكومة فياض، مبرراً ذلك بأن "السلطة مستعدة لتسلم المعابر كافة من أجل تسهيل حياة الناس وتنقل الأفراد والحالات الإنسانية وتنقل البضائع من قطاع غزة وإليه"[73].

وشدد نبيل عمرو، مستشار الرئيس الفلسطيني، على عدم إمكان فتح المعبر إلا ضمن صيغة دولية. وأضاف: "ما دامت حماس على المعبر بأي شكل من الأشكال فإنه لن يفتح"، وحمّلها مسؤولية إغلاق معبر رفح وعدم امتثالها لاتفاقية المعابر، معتبراً أن الحركة "ارتكبت جريمة في حق الشعب الفلسطيني لأنها تعلم أنها إذا سيطرت على المعبر سيُغلق"[74]. وأكد محمود عباس دعمه للجهود المصرية من أجل التوصل إلى التهدئة في غزة من أجل إنهاء الحصار وفتح المعابر، وقال في 2008/5/2 "هذا هو هدفنا وما نسعى إليه من البداية"[75]. وشدد سلام فياض على أنه على الرغم من أن التهدئة أساسية إلا أنها وحدها غير كافية، إذ يجب فتح معابر غزة[76]. وجدد فياض في كلمته خلال مؤتمر بيت لحم للاستثمار، دعوته إلى ضرورة إعادة فتح وتشغيل معابر قطاع غزة، "بما يحمي وحدة الأراضي الفلسطينية، ويضمن استمرار وحدة الاقتصاد الفلسطيني، ويحرر حركة الأفراد والبضائع والمواد الخام بين قطاع غزة والضفة الغربية من ناحية، وبين الأراضي الفلسطينية والعالم من ناحية ثانية"[77].

وفي 2008/11/29، دعا الرئيس محمود عباس جميع الأطراف إلى التهدئة المتبادلة والشاملة وفتح المعابر[78]. وفي معرض تعليقه على سفن كسر الحصار التي تصل إلى غزة، قال محمود عباس في حوار أجرته معه صحيفة الشرق الأوسط:

> هذه لعبة سخيفة اسمها كسر الحصار.. السفن تنطلق من ميناء لارنكا القبرصي [هذا!] صحيح. [لكن] أولاً، السفارة الإسرائيلية تأخذ كل جوازات سفر من سيركب السفينة للتأكد من هويات المسافرين، ثم تتفحص ما ستحمله السفينة من مساعدات. ثانياً، قطع البحرية الإسرائيلية تعترض طريق هذه السفن، وتتأكد من الموجودين على السفينة والبضائع المحملة،

> قبل أن تسمح لهم بمواصلة الرحلة إلى غزة.. فأين هو كسر الحصار... وبعدين [ومن ثمّ] إذا كنت تريد [كنتم تريدون] إرسال مساعدات إلى غزة لماذا لا ترسلوها عبر مصر أو الأردن.. مصر توصل كل شيء وكذلك الأردن[79].

وفي أعقاب العدوان الإسرائيلي على غزة في 2008/12/27، علق الرئيس محمود عباس على الانتقادات المتزايدة الموجهة للحكومة المصرية حيال إغلاق معبر رفح؛ بقوله "الشقيقة الكبرى مصر لم تزل وفية لعهدها، لأمتها، ولفلسطين، وإنه لمن السقوط الأخلاقي والوطني، والخروج عن الإجماع الفلسطيني، ونكران الجميل أن تُوجّه الطعنات لمصر، وأن يُشهَّر بها ويُعرّض بموقفها، وهي ظهير شعبنا وسنده". وطالب عباس بالمقابل، بما سماه "الذود عن القرار الوطني المستقل، المستهدف بأجندات ومشاريع إقليمية"[80].

وفي تطور لافت، وإن بدا مؤقتاً في وقت لاحق، ألمح الرئيس عباس في مؤتمر صحفي مشترك مع الأمين العام للأمم المتحدة بان كي مون Ban Ki-moon في 2009/1/16، إلى إمكانية المشاركة فلسطينياً (بين الحكومة المقالة والرئاسة) في إدارة المعابر، إلا أن الأولوية من وجهة نظره حينها كانت لوقف النار، ودخول قوات دولية إلى قطاع غزة لتعمل على حماية الشعب الفلسطيني[81]. غير أن عباس عاد ليؤكد، قبل توجهه للمشاركة في قمة شرم الشيخ حول العدوان على غزة، على وجهة النظر المصرية بأن معبر رفح لا يُفتح إلا حسب اتفاقية 2005، ملوحاً بأن هذه الإحداثية قد تم تثبيتها في قرارات جامعة الدول العربية، والأمم المتحدة، معتبراً أن "لا مجال للتأويل أو التفسير أو التحوير" حيث إن القرار أصبح دولياً[82]. ومن جهة أخرى حذر سلام فياض من مطالبة خالد مشعل في 2009/1/11 بإعادة النظر في اتفاقية 2005 بشأن المعابر، والنظر في ترتيبات جديدة تحت مسمى "تقاسم المسؤولية فلسطينياً" في المعبر، واعتبر أن ذلك لا يصب إلا في صالح تكريس الانفصال[83].

ب. موقف الحكومة المقالة في غزة:

أما الحكومة الفلسطينية المقالة في غزة فترفض إعادة تشغيل المعبر وفق الآلية القديمة، وتطالب بتعديل الاتفاق، بحيث تضمن إبعاد "إسرائيل" عن قول الكلمة النهائية في شأن تشغيله أو وقفه عن العمل. وأبدى رئيس الحكومة إسماعيل هنية في 2008/1/23 استعداده لعقد اجتماع عاجل وسريع في القاهرة مع "الأشقاء في مصر، والإخوان برام الله، لوضع الترتيبات لفتح معبر رفح ومعابر أخرى على قاعدة الثوابت والشراكة الوطنية"؛ إلا أن الرئاسة الفلسطينية رفضت الدعوة، وقال نمر حمّاد: "إن على حماس أن تغادر المعابر فوراً، وتعلن عن فشلها في تسيير حياة الناس في غزة"[84].

وأعلنت الحكومة المقالة، رفضها العودة لاتفاقية تشغيل المعابر الموقعة عام 2005 لفتح معبر رفح، وطالبت باعتماد المعبر كمعبر فلسطيني – مصري. وقال الناطق باسم الحكومة طاهر النونو، في 2008/1/27، إن ما يسمى باتفاقية المعابر التي تنظم عمل معبر رفح قد انتهت، وكانت مدتها عام واحد، وتم تجديدها لمرة واحدة، ولم يعد لها أي وجود، وهي غير قابلة للاستمرار[85]. وقال النونو إن الترتيبات السابقة التي كانت قائمة على معبر رفح كانت ظالمة لشعبنا، وأدت إلى تحكم الاحتلال في حركة المواطنين في الدخول والخروج ومنع مئات الآلاف من أبناء شعبنا وأصدقائنا والخيرين في هذا العالم من دخول القطاع، وجعلت الاحتلال الآمر الناهي على هذا المعبر، ولذلك هذه ترتيبات مرفوضة[86]. وقال أحمد يوسف المستشار السياسي لرئيس الحكومة المقالة: "نحن نسعى إلى إدارة المعابر ... ولن نسمح للإسرائيليين بأن يكون لهم أي دور"[87].

وكانت الحكومة المقالة قد أبدت استعدادها لتسليم معابر قطاع غزة إلى أية جهة محايدة لإدارتها، شرط أن تلتزم سلطات الاحتلال بفتحها. وقال علاء الأعرج المستشار الاقتصادي لإسماعيل هنية، في تصريحات نشرت في 2007/12/26: "إن الحكومة على استعداد لدراسة ومناقشة أي أسماء قد تطرح عليها ممن لها خبرة سابقة في إدارة

المعابر.. والفيتو الوحيد هو على الأشخاص الذين تلوثت أيديهم بقضايا تمس بوطنية وأخلاق شعبنا"[88]. وأكد أحمد يوسف أن الحكومة المقالة لا تعارض تقاسم إدارة معبر رفح مع السلطة الفلسطينية. وعن الوجود الأوروبي، قال: "نحن نسعى إلى أن يكون المعبر مصرياً – فلسطينياً، لكننا لا نعارض الدور الأوروبي إذا قررت مصر حتمية وجوده وقررت مدى حجمه"[89].

وجدد هنية في 2008/5/18 استعداد الحكومة للتجاوب مع المبادرات كافة بغية وقف العدوان الإسرائيلي ورفع الحصار، مبدياً الاستعداد لإدارته "تحت مسؤولية الشرعيات الفلسطينية وهي الرئيس والحكومة بتواجد أوروبي غير معطل"[90]. وشدد على أن "الفصائل الفلسطينية لم ولن تعطي التهدئة عن ذلة، ولن تقدمها ما لم تستجب "إسرائيل" لمطالب رفع الحصار وفتح المعابر ووقف العدوان"[91].

وفي 2008/8/11 صرح المتحدث باسم وزارة الداخلية المقالة في غزة، إيهاب الغصين، بأن مصر نشطت مؤخراً في محاربة الأنفاق الأرضية التي تربط القطاع بمصر بفعل الضغوطات الأمريكية والإسرائيلية، في وقت تزايدت فيه أعداد الفلسطينيين الذين قتلوا جراء انهيارات في هذه الأنفاق (وصل عدد الضحايا من الفلسطينيين الذين قضوا داخل الأنفاق حسب مؤسسة حقوقية فلسطينية إلى 25 ضحية منذ مطلع العام 2008). وذكر الغصين أن "الوسائل الخطيرة" التي تستخدمها الحكومة المصرية في محاربة الأنفاق بالاستعانة بخبراء أمريكيين كاستخدامها الغاز والمياه، هي التي أسفرت عن قتل العديد من الفلسطينيين، وردم الأنفاق على من فيها. وأشار الغصين إلى وجود مساعٍ تبذلها وزارته مع الجانب المصري لـ"الوصول إلى حلول بشأن الأنفاق"، وأوضح أن الحصار الإسرائيلي الخانق هو ما دفع سكان غزة للجوء إلى حفرها[92].

وفي 2008/11/26 استنكر إسماعيل هنية، استمرار الحصار على قطاع غزة، واتهم في مقابلة خاصة مع قناة الجزيرة الفضائية جهات رسمية في السلطة الفلسطينية

بالتورط في هذا الحصار[93]. وإزاء الدور المصري أكد هنية على أن المعاناة والتدهور الحاصل بسبب الحصار "يتطلبان تحركاً مصرياً لفتح معبر رفح باعتباره بوابة للسيادة الفلسطينية المصرية"[94].

وفي أعقاب العدوان الإسرائيلي على غزة في 2008/12/27، دعا هنية إلى "الوقف الفوري وغير المشروط للحرب التي تشنها إسرائيل على قطاع غزة، وإنهاء الحصار وفتح كافة المعابر، قبل مناقشة الملفات الأخرى والدخول في حوار على أرضية وطنية يحقق المصالحة بين الفلسطينيين"[95].

ج. موقف المجلس التشريعي:

يعاني المجلس التشريعي الفلسطيني من حالة شلل بسبب اعتقال نواب حماس عن الضفة الغربية، والانقسام الفلسطيني الحاصل بين فتح وحماس، ولذلك فهو في وضع لا يمكنه من الاجتماع أو إصدار قرارات. غير أن رئيس المجلس التشريعي الفلسطيني بالإنابة د. أحمد بحر، والذي ينتمي إلى حركة حماس، قال إن تفاهمات المعابر التي أبرمت عام 2005 هي تفاهمات باطلة مطلقاً من الناحية الدستورية، ولا يترتب عليها أي التزام أو أثر قانوني، كما أن مدتها الزمنية قد انتهت. وعليه فإننا نؤكد بكل وضوح باسم المجلس التشريعي وباسم الشعب الفلسطيني على ضرورة إعادة فتح معبر رفح، وفق اتفاق فلسطيني مصري يحقق السيادة المصرية الفلسطينية[96].

وطالب د.عزيز الدويك، رئيس المجلس التشريعي الفلسطيني المختطف في سجون الاحتلال، مصر بفتح معبر رفح، وقال: "على مصر أن تستمر في مساعيها الخيرة لرفع الحصار عن الشعب الفلسطيني في غزة، فإن أصرّ الاحتلال على تعنته وجب على مصر أن تطبق خارطة الطريق التي رسمها الرئيس مبارك، والتي أعلن من خلالها أنّ مصر لن تسمح بتجويع الشعب الفلسطيني"[97].

2. مواقف الفصائل:

أ. حركة فتح:

ذكر عضو المجلس الثوري لحركة فتح محمد الحوراني، في 2008/1/29، أن على حركة حماس أن تدرك بأن مشاركتها في تشغيل معبر رفح يعني إغلاقه بصورة تامة؛ لذا فإنه يتعين إشراف الحرس الرئاسي التابع للرئيس محمود عباس على تشغيل المعبر لإبقائه مفتوحاً حسب اتفاقية المعابر بين الجانبين المصري والفلسطيني والجانب الأوروبي[98]. وطالب المتحدث باسم فتح فهمي الزعارير، في تصريحات خاصة في 2008/2/3، حماس بأن تسلم المعابر للرئيس عباس لإدارتها وفق اتفاقية المعابر الموقعة عام 2005[99].

من جهة أخرى، قال هشام عبد الرازق، عضو القيادة العليا لحركة فتح في قطاع غزة، في 2008/1/30: "إن الحل المناسب لقضايا المعابر في غزة، يتطلّب إنهاء الانقسام السياسي وإيجاد توافق داخلي". مبدياً موافقته على إيجاد حلول مؤقتة للمعابر من أجل التسهيل على المواطنين. وأضاف: "إن الطرف الفلسطيني ليس هو من يقرر في قضية المعبر، فهناك الجانب المصري والأوروبيون وكذلك الإسرائيليون". وقال: "إن من يعتقد أن إبعاد إسرائيل يخدم المرحلة مخطئ"، معتبراً أن "إسرائيل" تحاول نفض يدها من قطاع غزة ورميه في حضن مصر[100].

ودعا جمال نزال، الناطق باسم حركة فتح، في 2008/2/10، إلى دراسة فكرة إدخال قوات عربية إلى قطاع غزة لتمكين قوات السلطة الفلسطينية من فتح المعابر و"تحريرها" من قبضة حماس. معتبراً أن ثمة "فوائد سياسية وإعلامية جمة من إطلاق هذه الفكرة، حتى وإن لم تكن واقعية في اللحظة الراهنة"[101].

غير أن كتائب شهداء الأقصى التابعة لحركة فتح أعلنت في بيان صحفي في

2008/1/29، رفضها العودة إلى اتفاقية المعابر الأمنية الموقعة عام 2005، والتي رأت الكتائب أنها سببت الكوارث الإنسانية والأمنية والاقتصادية والاجتماعية للشعب الفلسطيني بكافة شرائحه، مؤكدة أن حدود قطاع غزة الجنوبية هي حدود فلسطينية مصرية، وبالتالي فإن قرار فتح معبر رفح البري هو قرار فلسطيني مصري، ولا شأن للاحتلال الإسرائيلي به. وطالبت الكتائب الرئيس عباس والرئيس المصري حسني مبارك بوضع آلية لإدارة معبر رفح فلسطينياً مصرياً دون أي طرف خارجي[102].

وفي 2008/5/31 طالبت حركة فتح على لسان ناطقها الرسمي أحمد عبد الرحمن، مجلس الأمن الدولي بالتحرك العاجل من أجل رفع الحصار عن قطاع غزة، وتولي فتح إدارة المعابر التي تغلقها "إسرائيل" منذ حوالي عام، ونادت الحركة بأنه "يجب توفير الحماية الدولية للشعب الفلسطيني في قطاع غزة، ويجب أن تسيطر قوة دولية على المعابر حتى تنتهي ذريعة إسرائيل"[103].

وهددت كتائب الأقصى في بيان لها، في 2008/9/19، بإعلان تخليها عن الالتزام باتفاق التهدئة المبرم مع "إسرائيل" في قطاع غزة "إن لم يكن هناك مواقف حقيقية من فتح المعابر، وخاصةً معبر رفح، وإدخال كافة المواد الغذائية والبنائية [مواد البناء] لقطاع غزة، ووقف [بناء] الجدار والاستيطان في الضفة، ووقف أعمال التهويد للقدس"[104].

ب. حركة حماس:

دعا خالد مشعل، رئيس المكتب السياسي لحركة حماس، في كلمة في الجلسة الافتتاحية للمؤتمر الوطني للفصائل الفلسطينية في دمشق في 2008/1/23، مصر "إلى تحمل مسؤولياتها لكي تتعاون في فتح معبر رفح فيكون معبراً فلسطينياً مصرياً!"[105]. وقال مشعل في مؤتمر صحفي عقده عقب لقائه الرئيس الأمريكي الأسبق جيمي كارتر Jimmy Carter: "أكدنا لكارتر أن مطلبنا هو فتح معبر رفح وكل المعابر وأننا

موافقون على صيغة يكون فيها دور لمصر وللرئاسة الفلسطينية إضافة إلى دور أوروبي، شرط ألا تتحكم إسرائيل في فتح المعبر وإغلاقه"[106]. وأكد مشعل في مؤتمر صحفي مشترك مع وزير الخارجية الإيراني منوشهر متكي في 2008/5/25، إصرار حماس والقوى المقاومة على كسر الحصار وفتح المعابر[107].

وقال القيادي في حركة حماس ووزير الخارجية الأسبق د. محمود الزهار في 2008/1/30: "يجب أن يكون معبر رفح تحت سيطرة مصرية – فلسطينية فقط". وكانت حماس قد طالبت بدور رئيسي في السيطرة على حدود قطاع غزة مع مصر، وأضاف الزهار أن الحديث عن دور جزئي يتعارض مع الواقع المتمثل في وجود حكومة شرعية[108]. وأكد الزهار، عقب عودته من القاهرة في 2008/2/2، أن معبر رفح سيعمل قريباً وفق الرؤية الرامية لتشغيله كمعبر فلسطيني – مصري[109].

وكانت حركة حماس قد أعلنت على لسان الناطق باسمها سامي أبو زهري في 2008/1/27، رفضها العودة للعمل باتفاق المعابر الموقعة عام 2005، وطالبت الحركة "بمعبر مصري فلسطيني وفق ترتيبات جديدة، سواء من خلال لقاء ثلاثي بين حماس وفتح والقاهرة أو لقاء ثنائي مع القاهرة"[110]. واتهم أبو زهري في 2008/2/3 الممثّلَ الأعلى للسياسة الخارجية في الاتحاد الأوروبي خافيير سولانا Javier Solana ومبعوث اللجنة الرباعية في الشرق الأوسط توني بلير Tony Blair، بأنّهما "يقودان مؤامرة لإبقاء معبر رفح مغلقاً". وأشار إلى أن فكرة وجود المراقبين الأوروبيين، حسبما يفترض اتفاق عام 2005، "خاضعة للدراسة"، "شريطة ألا يتدخلوا في فتح المعبر وإغلاقه أو أن يكون وجودهم بتدخلات إسرائيليّة"[111].

من جانبه، رأى أسامة حمدان، عضو المكتب السياسي لحركة حماس، أن تمسك عباس والمسؤولين في رام الله بإعادة السلطة للإسرائيليين والمراقبين على معبر رفح، في ظل الحديث عن استقلال القرار الفلسطيني والسيادة الفلسطينية للمعابر "هي رسالة

سلبية"[112]. وقال: "لا يمكن أن نقبل بعودة المراقبين الأوروبيين إلى معبر رفح، لأنهم كانوا عُرضة للابتزاز الإسرائيلي، ولأن اتفاق المعابر انتهى، لذلك لماذا نرجع إلى اتفاق يسلّم مفاتيح المعابر للعدو الإسرائيلي، ليسجن الفلسطينيين وقتما يشاء ويفك السجن وقتما يشاء؟"[113]. وذكر نائب رئيس المكتب السياسي لحماس موسى أبو مرزوق أن "حماس لا تمانع على الإطلاق في مشاركة الرئاسة في إدارة معبر رفح، رغم أن أبو مازن ينظر نظرة سلبية إلى التعامل مع حكومة حماس"[114].

ورأى عضو المكتب السياسي لحركة حماس محمد نزال أن إبقاء معبر رفح مغلقاً "هو قرار بالاستمرار في قتل أهل غزة"، وقال: "المطلوب الآن من الإخوة في مصر فتح معبر رفح في ظل الحصار الخانق على قطاع غزة... وإذا لم تُقْدِم مصر على هذه الخطوة فإنها ستكون شريكة في حصار غزة". وقال: "إن الرهان على أي موقف سياسي من السلطة في رام الله هو رهان غير واقعي وغير صحيح، فالسلطة جزء لا يتجزأ من الحصار، وهي متواطئة مع الإسرائيليين ولا تريد رفع الحصار لأنها ترى أن استمراره يساهم في إسقاط الحكومة في غزة"[115].

ورأى د. محمود الزهار أن السبب الرئيس لتأخير فتح معبر رفح هو رفض رئيس السلطة محمود عباس فتحه، واستخدامه من قبل الجانب الإسرائيلي كورقة للضغط على الفلسطينيين. وأشار الزهار إلى أن الحجة التي يتذرع بها عباس أمام الجانب المصري لعدم قبوله فتح المعبر هو اتفاقية المعابر سنة 2005، على اعتبار أن عدم الالتزام بالاتفاقية سيدفع الجانب الإسرائيلي إلى التنصل من التزاماتها. وأضاف الزهار قائلاً "من هنا يتم اتهام كل من يحاول أن يتجاوز هذا الاتفاق بأنه يريد أن يفك الارتباط السياسي بين الضفة الغربية وقطاع غزة، أو أن يعفي الاحتلال الإسرائيلي من التزاماته"[116].

وفي 2008/8/6 صرح فوزي برهوم بأن الحركة لا تجد "أي مبرر أو تفسير لاستمرار تجاهل مصر طلب الوفد البرلماني عن كتلة التغيير والإصلاح في قطاع غزة برئاسة

الدكتور أحمد بحر بالسفر لزيارة عدة دول عربية؛ من أجل التواصل مع البرلمانات والحكومات العربية لشرح الأوضاع الفلسطينية...". وطالب برهوم مصر أن تُعجل باتخاذ الخطوات العملية لفتح معبر رفح من أجل وضع حد نهائي لمعاناة سكان قطاع غزة وفك العزلة المفروضة عليهم[117].

وطالب رئيس المجلس التشريعي الفلسطيني بالإنابة أحمد بحر، مصر بضرورة فتح معبر رفح لإنقاذ المرضى الفلسطينيين، لافتاً إلى أن السلطات المصرية مازالت تمنع المرضى الذين خرجوا للعلاج في المستشفيات التركية من العودة إلى القطاع بعد انتهائهم من العلاج، مشيراً إلى أن قرار الفتح هو فلسطيني مصري، ولا يجوز لمصر أن تبقى مكتوفة الأيدي[118].

واتهمت حماس في 2008/9/22 الجانب المصري بـ"عرقلة العمل" في معبر رفح الحدودي. وناشدت الحركة في بيان لها الرئيس المصري حسني مبارك "التدخل لوقف الممارسات المشينة ضد الشعب الفلسطيني على المعبر". وطالبت حماس "القيادة المصرية بالتحقيق في كل ما نسب من شبهات، من تلقي رشاوى، وإهانة النساء، وإهانة لفظية للمسافرين الفلسطينيين، وانتقائية في التعامل". واعتبرت أن "مثل هذا التضييق المؤلم الذي تناقلته وسائل الإعلام، ولم يُنشر بعضه ونحتفظ به لدينا موثقاً، يشيع أجواء سلبية قبيل انطلاق الحوار في القاهرة"[119].

وفي افتتاح المؤتمر العربي الدولي لحق العودة، الذي انعقد في العاصمة السورية في 23-2008/11/24، ندد خالد مشعل بالصمت العربي والدولي على "جريمة الحصار الجائر المفروض على قطاع غزة"، وقال: "إن ما يجري في غزة عار على الذين يصمتون على جريمة الحصار"، منتقداً إصرار السلطات المصرية على إغلاق معبر رفح في ظل تزايد معاناة الفلسطينيين[120].

وعقب انتهاء اتفاق التهدئة بين "إسرائيل" وفصائل المقاومة الفلسطينية في 2008/12/19، قال د. محمود الزهار لصحيفة الأهرام المصرية إن الحركة مستعدة

للعودة إلى التهدئة إذا التزمت "إسرائيل" بشروطها التي تمّ الاتفاق عليها في حزيران/ يونيو 2008. وأشار إلى أنه على "إسرائيل" أن تعيد فتح المعابر، ومواصلة السماح للشاحنات بدخول غزة، ووقف استهداف سكان القطاع لكي تكون هناك آفاق إيجابية للرجوع إلى التهدئة التي جرت برعاية مصر[121].

وفي 2008/12/23، دعا خالد مشعل، في مقابلة مع قناة "روسيا اليوم" الفضائية، العرب وخصوصاً مصر، إلى كسر الحصار الإسرائيلي على قطاع غزة، متهماً "إسرائيل" بأنها لم تحترم التهدئة. وقال مشعل: "العالم يعرف أن الحصار سببه إغلاق المعبر، ونحن طالبنا أن تُفْتَح [المعابر] جميعها". وأكّد أن "لا شيء يلزم مصر بإبقاء (معبر رفح) مغلقاً من الناحية القانونية"[122].

وقال النائب في المجلس التشريعي الفلسطيني عن حركة حماس د. عاطف عدوان في تصريحات صحفية:

> إن اتفاقية كامب ديفيد لا تقيد مصر في موضوع فتح معبر رفح لأنه لم يدرج في الاتفاقية أصلاً، ومصر ليست طرفاً في اتفاقية المعابر لعام 2005، وغير ملزمة بأي شيء تجاه الإسرائيليين لا فيها ولا في غيرها، ولكن للأسف تقوم مصر بعملية منع الدخول والخروج من المعبر وتواصل إغلاقه... حتى لو كان هذا الأمر كذلك... فهناك القانون الدولي الذي هو أعلى من القانون المحلي، والاتفاقيات الثنائية بين الأطراف الذي يفرض على الدول عدم تعريض حياة المجتمعات للخطر، وهناك القانون الإنساني الذي يفرض على مصر وغيرها أن تقدم ما يلزم لمجتمع هو في حالة حصار على غرار المجتمع الفلسطيني، ويُعد أي تقصير في هذا الأمر مخالفةً لحقوق الإنسان وللقانون الدولي، وهذا الأمر تستطيع مصر أن تستند إليه في الخروج من أي حرج يتسببه لها العدو الإسرائيلي[123].

وفي مقابلة مع قناة الجزيرة الفضائية، عقب العدوان على غزة في 2008/12/27، أكد رئيس المكتب السياسي في حماس خالد مشعل على أنه "لا ينبغي لأحد أن يخاطب أهل غزة... من غير بوابة رفع الحصار وفتح المعابر"، وأضاف بأن كل الجهود

مرحب بها شريطة "أن يتوقف هذا العدوان الهمجي على غزة، وأن يرفع الحصار عن غزة، وأن يفتح معبر رفح، وأن يأخذ العرب خطوات عملية فعلاً بكسر الحصار عن غزة". وخاطب مشعل الرئيس المصري قائلاً:

> الرئيس حسني مبارك اليوم عليه مسؤولية تاريخية، هذا معبر رفح يا سيادة الرئيس مبارك، هذا أمانة في عنقك...، اليوم حماس لا تسيء لأحد، حماس يا سيادة الرئيس ليست خطراً على مصر، حين يُعتدى على أرض مصر، أهل غزة، وأهل فلسطين مع كل جندي مصري، وكل إنسان مصري، سيدافعون عن حمى مصر، الخطر ليس من غزة على مصر، الخطر من إسرائيل، ومن الأميركان [الأمريكيين]، هذه لحظة تاريخية أقولها للرئيس حسني مبارك[124].

وفي كلمة مسجلة بُثت في 2009/1/2، قال مشعل إن حماس طرحت في السابق صيغة لحل أزمة معبر رفح تشترك فيها كل من السلطة، ومصر، والمراقبين الأوروبيين، مضيفاً أن أي تطور لم يحدث لهذا الاقتراح[125].

وفي قمة الدوحة التي عقدت إثر العدوان على غزة في 2009/1/16 جدد مشعل ضرورة فتح جميع المعابر، وفي مقدمتها معبر رفح. حيث أكد على أن معبر رفح هو معبر فلسطيني مصري يستطيع العرب أن يتفقوا على فتحه، مشيراً إلى أن القوى الفلسطينية عرضت صيغة واقعية على مصر في هذا الشأن لم يُستجب لها حتى اللحظة، كما شدد على أنه "لا يجوز أن تعود إسرائيل إلى المعبر"[126]. وفي خطاب متلفز بعد وقف إطلاق النار في قطاع غزة، أكد مشعل على أن أمام المقاومة معركتان بعد معركة العدوان على غزة، تتمثلان في كسر الحصار، وفتح المعابر وفي مقدمتها معبر رفح، مشدداً على أن هذا المعبر ليس ثانوياً؛ لأنه يشكل البوابة الفلسطينية إلى العالم وشريان حياة للفلسطينيين، وأكد مشعل على حتمية الانتصار في هاتين المعركتين على غرار الانتصار في معركة غزة[127].

وفي سياق إعلانه عن موافقة فصائل المقاومة على وقف إطلاق النار في قطاع غزة، أكد موسى أبو مرزوق في 2009/1/18 على ضرورة فتح جميع المعابر لدخول المساعدات الإنسانية والإغاثية والاحتياجات اللازمة للشعب الفلسطيني في قطاع غزة، مبدياً الاستعداد للتجاوب مع أي جهود، خاصة الجهود المصرية والتركية والسورية والقطرية؛ للوصول إلى اتفاق محدد ينتهي برفع الحصار بشكل نهائي، وفتح جميع المعابر بما فيها معبر رفح[128].

وتصدرت مسألة رفع الحصار وفتح المعابر أجندة وفد حركة حماس المنتدب إلى القاهرة للتفاوض حول المبادرة المصرية. واقترحت الحركة وضع إدارة مؤقتة تتولى فيها عناصر سابقة من أجهزة الأمن الوطني الموجودين في قطاع غزة إدارة المعبر لحين تشكيل حكومة فلسطينية متوافق عليها تدير الضفة الغربية وقطاع غزة، وتتولى بالتالي إدارة المعبر، و لم تعترض حماس على وجود مراقبين دوليين وأتراك على المعابر بما فيها معبر رفح[129].

ج. حركة الجهاد الإسلامي:

عبّرت حركة الجهاد الإسلامي عن رفضها القاطع لعودة الأمور على المعابر مع مصر لما كانت عليه سابقاً وفقاً لاتفاق المعابر، والموقع في العام 2005 والذي انتهت فترته الزمنية، وطالبت الحركة بالسيادة الكاملة على المعبر لتصبح سيادة فلسطينية مصرية فقط، دون تدخل أو وجود أو مراقبة لأي طرف إسرائيلي أو أوروبي "ليتمكن أبناء شعبنا من التحرك وإدخال السلع والبضائع بحرية كاملة دون تدخل أجنبي"[130]. ودعا محمد الهندي القيادي في حركة الجهاد، إلى تشكيل هيئة وطنية مؤقتة لإدارة معبر رفح[131]. وعبر القيادي في حركة الجهاد نافذ عزّام عن رفضه عودة العمل في معبر رفح وفقاً لاتفاقية المعابر، وقال: "نؤكد أن لا للوجود الإسرائيلي والأميركي [المراقبين الأوروبيين] على المعبر"، وطالب الدول العربية "بالضغط والمساهمة في أن يكون المعبر فلسطينياً – مصرياً"[132].

وطالب خالد البطش القيادي في الحركة، في بيان صحفي في 2008/4/12، بدور عربي إسلامي، مصري على وجه الخصوص، في إنهاء الحصار وفتح المعابر، ومساعدة الشعب الفلسطيني في الوصول لأهدافه المشروعة في العودة والحرية والاستقلال[133].

كما توعّدت سرايا القدس، الجناح العسكري لحركة الجهاد، "إسرائيل" بـ"أساليب مقاومة جديدة"، في حال لم يتم رفع الحصار عن قطاع غزة، وفتح المعابر، والسماح للمرضى بالخروج للعلاج[134].

وأكد د. عبد الله شلح، الأمين العام لحركة الجهاد الإسلامي في فلسطين، في مقابلة مع الفضائية المصرية في 2008/8/28، على أن موقع قطاع غزة بالنسبة لمصر يحتم عليها بذل كل جهد لرفع الحصار وفتح معبر رفح[135]. وعقب العدوان الإسرائيلي على غزة في 2008/12/27، قال شلح: "إن وقف العدوان الصهيوني وفك الحصار عن قطاع غزة شرط أساسي قبل البحث في تهدئة جديدة قد يكون لنا منها موقف إيجابي"، مؤكداً أن العودة إلى التهدئة أمر ممكن ولكن ليس بـ"شروط صهيونية"[136].

د ـ الجبهة الشعبية لتحرير فلسطين:

كشف عضو اللجنة المركزية للجبهة الشعبية لتحرير فلسطين جميل مزهر، في تصريحات صحفية في 2008/2/3، أن الجبهة تقدمت برؤية حول إدارة معبر رفح لكل من حركة حماس والرئاسة الفلسطينية في رام الله، تضمنت حرية التنقل فلسطينياً، وبقاء المعبر مفتوحاً بشكل دائم. وأشار إلى أن هذه الرؤية تضمن وجود حرس الرئيس في المعبر، وكذلك التوافق ما بين حركة حماس والرئاسة على الآليات التي تنظم هذه العملية[137]. واعتبر مزهر أن حل مشكلة معبر رفح يحتاج لتوافق فلسطيني، وصولاً إلى أن يكون هذا المعبر معبراً مصرياً فلسطينياً خالصاً، وأكد أن اتفاقية المعبر التي وقعت في 2005 هي اتفاقية ظالمة ومجحفة بحق الشعب الفلسطيني، وجعلت الاحتلال الإسرائيلي يتحكم في المنافذ على مدار الساعة[138].

وفي 2008/7/7 دعا عضو اللجنة المركزية للجبهة جميل مزهر، إلى إعادة النظر في اتفاق التهدئة (المبرم في 2008/6/19 برعاية مصرية)، مشيراً إلى أن الأوضاع في قطاع غزة بقيت على حالها، و لم يتغير أي شيء على صعيد فك الحصار، وفتح المعابر [139].

ودعا أحمد سعدات الأمين العام للجبهة الشعبية الجامعة العربية، بمناسبة يوم التضامن العالمي مع الشعب الفلسطيني في 2008/11/29، لكسر الحصار المفروض على قطاع غزة، واتخاذ قرار واضح وصريح بفتح معبر رفح [140].

هـ. الجبهة الديموقراطية لتحرير فلسطين:

أكدت الجبهة الديموقراطية لتحرير فلسطين، على أن المحاصصة وتقاسم النفوذ على معبر رفح لن يحل الأزمة الداخلية الفلسطينية، ولا يلبي مصالح الشعب الفلسطيني، بل يزيد الأزمة تعميقاً. وطالبت الجبهة الديموقراطية بفتح معبر رفح بطريقة قانونية ورسمية، رافضة الاتفاقيات المبرمة سابقاً. وقال عضو المكتب السياسي للجبهة الديموقراطية، صالح زيدان، في مؤتمر صحفي عقده في 2008/2/5: "إن أساس الحل الوطني يستند إلى تصحيح اتفاقية معبر رفح باعتبارها ضرورة وطنية فلسطينية مصرية، وبما يؤدي إلى مراجعة اتفاق معبر رفح وتصحيحه وتصويبه، ليصبح تحت إدارة فلسطينية مصرية وبرقابة الاتحاد الأوروبي، لضمان فتح دائم للمعبر، دون رقابة أو تدخل إسرائيلي". وأكد أن التوافق الوطني بمشاركة كافة الأطراف الفلسطينية لحل أزمة معبر رفح، يكون من خلال تولي مؤسسة الرئاسة للمسؤولية على المعبر وحل التناقضات الثانوية، من خلال صيغة متفق عليها، تنظم التعاون الميداني والعملي بين الجميع [141].

وأشار نايف حواتمة، الأمين العام للجبهة، إلى أن "فك الحصار على القطاع، وفتح المعابر، وفي مقدمتها معبر رفح باعتباره معبراً فلسطينياً مصرياً، وبإشراف اتحاد أوروبي دون أي شكل من أشكال التواجد الإسرائيلي، يتطلب أولاً استعادة الوحدة الوطنية بإنهاء الانقسام الذي أضعف الفلسطينيين، والعرب، والأصدقاء في العالم" [142].

واعتبرت الجبهة الديموقراطية أن استمرار إغلاق معابر قطاع غزة يمثل خرقاً فاضحاً لاتفاق التهدئة المبرم بين الفصائل الفلسطينية و"إسرائيل" برعاية مصرية. وأوضحت أن فتح "إسرائيل" لمعبر المنطار، وإدخال كميات محدودة من الوقود يتنافى مع اتفاق التهدئة، الذي يسمح بإدخال كافة السلع والمحروقات إلى القطاع لتلبية احتياجات المواطنين. ودعت الجبهة مصر إلى بذل قصارى جهدها من أجل إعادة فتح المعابر وخاصة معبر رفح، والسماح بدخول كافة الاحتياجات الأساسية والبضائع إلى قطاع غزة[143].

و. حزب الشعب:

أكد وليد العوض، عضو المكتب السياسي لحزب الشعب، أن الحل الأمثل لمعاناة المواطنين في قطاع غزة هو رفع الحصار وفتح كافة المعابر، وقال في تصريحات صحفية، في 2008/1/30: "لا نرى بالضرورة التمسّك بنص اتفاقية المعابر الموقعة [في] العام 2005 وما حملته من قيود اقتضت وجوداً أوروبياً وسيطرة إسرائيلية غير ظاهرة على المعبر". وطالب بوجود اتفاق فلسطيني مصري للسيطرة على المعبر من أجل قطع الطريق على التدخل الإسرائيلي والدولي. ودعا إلى تفاهم فلسطيني – فلسطيني من أجل أن تستلم الرئاسة مسؤولية إدارة معبر رفح وذلك لتجنب الإصرار الإسرائيلي والدولي على العودة إلى اتفاقية المعبر السابقة[144].

ز. لجان المقاومة الشعبية:

شدد القيادي في لجان المقاومة الشعبية عامر قرموط في تصريحات صحفية، في 2008/1/30، على أن "معبر رفح فلسطيني – مصري"، مؤكداً على "ضرورة عدم عودة أي وصاية أوروبية وإسرائيلية عليه"[145].

كما هددت لجان المقاومة الشعبية في 2008/4/8 بأن "كل الخيارات مفتوحة" للتعامل مع الحصار. وقال أبو مجاهد، الناطق الرسمي باسم اللجان، الذي كان أطلق

تصريحات مماثلة قبل ثلاثة أيام فقط من تفجير الحدود في 2008/1/23، إنه "لا يُعقل أن تقبل بعض الدول العربية مشاركة العدو الصهيوني في الحصار ولو بالصمت"[146].

وأكد أبو مجاهد بأن "إسرائيل" لم تنفذ ما جاء في اتفاق التهدئة فيما يخص "رفع الحصار بشكل شامل، وفتح المعابر بشكل كامل، وخاصة معبر رفح الرابط بين مصر وقطاع غزة، والذي يعد المنفذ الوحيد لأهلنا في قطاع غزة مع العالم الخارجي. وواصل الاحتلال الصهيوني فتح المعابر بشكل جزئي بما لا يتناسب من [مع] حاجة سكان قطاع غزة"[147].

ح. الجبهة الشعبية - القيادة العامة:

دعت الجبهة الشعبية – القيادة العامة، الحكومة المصرية إلى فتح معبر رفح وعدم الربط بين فتح المعبر والتهدئة. وقال بيان للجبهة أن وفدها بحث في اجتماعه مع اللواء عمر سليمان رئيس الاستخبارات المصرية، التهدئة المؤقتة وفك الحصار عن قطاع غزة وفتح المعابر، وفي مقدمتها معبر رفح الذي اعتبره البيان "مسؤولية قومية مصرية"[148].

رابعاً: الموقف العربي

1. الجامعة العربية:

طالب مجلس الجامعة العربية الذي اجتمع في 2008/1/27 على مستوى وزراء الخارجية، الدول العربية بتقديم المزيد من الدعم والمساعدة للشعب الفلسطيني، ودعوة الدول العربية للتنسيق مع مصر في تقديم المساعدات التي ترغب في إيصالها إلى سكان قطاع غزة. وطلب المجلس من الأمين العام للجامعة عمرو موسى إجراء الاتصالات العاجلة مع كافة الأطراف الدولية الفاعلة لوقف هذا العدوان الإسرائيلي. كما طالب الوزراء مجلس الأمن بالاضطلاع بمسئولياته لوقف العدوان، ورفع الحصار عن قطاع غزة، وفتح المعابر. ودعت الجامعة العربية الأطراف المعنية إلى استئناف العمل بالترتيبات المتفق عليها دولياً لضمان إعادة تشغيل كافة معابر قطاع غزة بما في ذلك معبر رفح، وبما يضمن تجنب تكرار انفجار الأوضاع الإنسانية في غزة مستقبلاً، مع الترحيب بإعلان السلطة الفلسطينية استعدادها لتحمل مسؤولية كافة معابر القطاع مجدداً[149].

وعبر السفير محمد صبيح الأمين العام المساعد لشؤون فلسطين والأراضي العربية المحتلة في الجامعة العربية، في 2008/3/12 عن دعم جامعة الدول العربية لمبادرة السلطة الوطنية لإدارة الجانب الفلسطيني من معابر قطاع غزة بموجب الاتفاقية الموقعة عام 2005 بشأن معبر رفح، داعياً إلى فك الحصار الإسرائيلي الجائر على قطاع غزة[150].

وإثر العدوان الإسرائيلي شددت القمة الخليجية، التي انعقدت بالرياض في 2009/1/15 بدعوة من العاهل السعودي عبد الله بن عبد العزيز، على ضرورة وقف العدوان على غزة وفتح المعابر[151]. كما أكدت قمة غزة الطارئة التي عقدت في الدوحة يوم 2009/1/16، على الفتح الفوري والدائم لكافة المعابر؛ للأفراد ومواد المساعدات

الإنسانية بما في ذلك الغذاء والوقود والعلاج الطبي، وتوزيعها دون عراقيل في جميع أنحاء القطاع. والتأكيد على ضرورة رفع الحصار غير المشروع عن قطاع غزة بما فيه إنهاء كافة القيود على حركة الاشخاص والأموال والبضائع وفتح المعابر والمطار وميناء غزة البحري ودعوة جميع الدول لاتخاذ ما يلزم من الإجراءات لتحقيق ذلك[152].

في حين ربط عمرو موسى خلال انعقاد قمة شرم الشيخ في 2009/1/18 بين وقف تهريب السلاح إلى غزة وضرورة إنهاء الحصار الخانق الذي تفرضه "إسرائيل" على القطاع، مؤكداً أن الأزمة في غزة تحتاج إلى "رزمة من الإجراءات" تبدأ بوقف إطلاق النار والانسحاب وفتح المعابر وفك الحصار[153]. أما مشروع القرار، الذي أعده وزراء الخارجية لعرضه على القادة المشاركين في قمة الكويت التي انعقدت في 2009/1/19؛ فقد طالب بالعمل على الفتح الفوري لجميع المعابر الحدودية مع قطاع غزة، طبقاً لاتفاقية تشرين الثاني/ نوفمبر 2005 وتسهيل عبور الأفراد ومواد الإغاثة[154].

2. مصر:

أضحت مصر لاعباً أساسياً بالنسبة لتطبيق اتفاقية المعابر، على الرغم من أنها لم تكن طرفاً في الاتفاقية، يرجع ذلك إلى موقعها الجغرافي المحاذي لقطاع غزة. فبعد سيطرة حركة حماس على القطاع في منتصف حزيران/ يونيو 2007 وما تبعها من عملية إغلاق كاملة للمعابر، وبالأخص معبر رفح المحاذي لحدودها، أصبحت مصر على تماس مباشر بالتغيرات في داخل القطاع وعلى المعابر. وقد أعلنت مصر أنها ليست طرفاً في الخلافات الفلسطينية الداخلية. حيث أعرب الرئيس المصري حسني مبارك في 2008/1/24، عن رفضه لمحاولات الزج بمصر في الخلافات بين الفلسطينيين، وقال إن "مصر تعي تماماً اعتبارات أمنها القومي، ولن تفرط فيها، ولن نسمح لأحد بأن يقترب منها أو يحاول اختراقها"[155]. وانتقد مبارك السياسات الإسرائيلية ضد الفلسطينيين في قطاع غزة قائلاً: إن مصر لن تسمح "بتجويع الفلسطينيين في غزة"[156]. وقال في تصريحات لصحيفة "الأسبوع"، في 2008/1/26: إن "اقتحام

المعبر وتدفق الفلسطينيين هو نتيجة مباشرة للحصار، وأتمنى حل هذه المشكلة فوراً، وفك الحصار المفروض على الشعب الفلسطيني"، مضيفاً: "يجب أن يعيدوا الأمور إلى طبيعتها استناداً إلى الاتفاقات والتفاهمات السابقة"[157]. وأوضح أن معبر رفح لا يمكن فتحه من دون وجود ثلاثة مندوبين، أحدهما مصري وآخر فلسطيني، إضافة إلى ثالث أوروبي، وأضاف: "المندوب الأوروبي يرفض الحضور، لذلك لا يمكننا أن نفتح المعبر ونسمح للفلسطينيين بالعودة إلى غزة"[158].

وقال وزير الخارجية المصري أحمد أبو الغيط في 2008/2/5: "يجب أن يدرك إخواننا الفلسطينيون أن المعركة ليست مع مصر ولكنها مع إسرائيل، وبالتالي لا يجب أن يقعوا في فخ تضعه وتحيكه إسرائيل". وبشأن العودة لتنفيذ اتفاقية المعابر قال: "علينا أن نعمل على فتح معبر رفح بشكل قانوني وأن نسعى إلى تأمين الدعم الدولي للفلسطينيين"[159]. وأضاف أن بلاده طرحت بعض الأفكار لإعادة تشغيل المنفذ... مشيراً إلى أن تلك الأفكار، في إطارها العام، تقوم على تشغيل المنفذ طبقاً لاتفاقيات سابقة، وأشار إلى أن سيطرة حماس على الإدارة في غزة أمر يتعارض مع اتفاقية المعابر، وكذلك الوضع القانوني للسلطة الفلسطينية وعلاقة مصر واعترافها بها، وأن هذه مسألة بالغة التعقيد وتحتاج إلى وقت[160]. وحذر أبو الغيط في 2008/2/7 من أن بلاده لن تسمح باقتحام حدودها ثانية، مؤكداً أن: "من سيكسر خط الحدود المصرية ستكسر قدمه"[161].

وعلى الرغم من اشتراط مصر لوجود الأطراف الثلاثة لفتح معبر رفح، إلا أنها خرقت هذه القاعدة لتسمح لحجاج غزة مرة بالتوجه إلى مكة، لأداء فريضة الحج، عبر أراضيها مروراً بمعبر رفح في تاريخ 2007/12/3[162]، كما عادت وسمحت للحجاج بالعودة إلى القطاع من المعبر في تاريخ 2008/1/2، بالرغم من إصرار "إسرائيل" على إعادتهم عبر معبر كرم أبو سالم[163].

وذكرت صحيفة معاريف الإسرائيلية أن مصر قدمت لـ"إسرائيل" اقتراحاً شاملاً لحل قضية الحدود في رفح وضمان فتح المعبر ضمن اتفاقية المعابر. وأوضحت الصحيفة أن المقترح ينص على فتح معبر رفح بإشراف السلطة الفلسطينية في رام الله ورجال حركة فتح ووجود المراقبين الدوليين كالمعتاد، فيما تقوم "إسرائيل" بعملية مراقبة أمنية من بعيد كما كان سابقاً لما يجري في المعبر. وأضافت الصحيفة، أن حركة حماس سيكون لها دور جزئي في المعبر كمراقب، إلا أن "إسرائيل" لا تميل إلى قبول هذا الاقتراح والذي من شأنه أن يقوي مكانة حماس[164].

غير أن السفير المصري في واشنطن، نبيل فهمي، أشار إلى أن مصر جهزت خطة لتأمين الحدود المصرية مع قطاع غزة وفتح معبر رفح تتضمن إشراك حركة حماس، مشيراً إلى أن الخطة تتضمن شقين هما "تأمين الحدود مع غزة وفي الوقت نفسه فتح المعابر"[165].

وقال أحمد أبو الغيط في 2008/12/1 إن "الجهد المصري لفك الحصار الإسرائيلي عن غزة عمل على مسارين، أولهما تحقيق التهدئة التي تتيح فتح المعابر، والثاني هو لم الشمل الفلسطيني لإعادة السلطة إلى إدارة المعابر، إلا أن هذا الجهد يُعاق نتيجة إطلاق النيران، ونتيجة لإعاقة الحوار، وهو ما يؤدي بدوره إلى استمرار وضع التوتر الذي تستفيد منه بعض الفصائل"[166].

وفي 2008/12/19 أكد حسام زكي المتحدث الرسمي باسم وزارة الخارجية المصرية، على أن رؤية بلاده للوضع القانوني لقطاع غزة تقوم على "أنه جزء من الأرض الفلسطينية المحتلة، وأنه لا يزال تحت الاحتلال الإسرائيلي". وأوضح المتحدث في بيان، أن الانفصال أحادي الجانب الذي قامت به "إسرائيل" من القطاع لم يترتب عليه "تحرير القطاع من الاحتلال كما يعتقد أو يدعي البعض، حيث إن الضفة الغربية وقطاع غزة والقدس الشرقية تشكل جميعاً وحدةً جغرافيةً واحدةً لا يمكن التعامل معها بشكل مجزأ، وإلا اعتبر ذلك بمثابة ضربة قاصمة لوحدتها". وحذر من أن التجاوب مع الطرح القائل

بأن القطاع يعد أرضاً محررة "يمثل تجاوباً مع المخطط الرامي لإلقاء عبء إدارة القطاع على الجار المتاخم له وهو مصر، وهو ما لا يمكن قبوله، لا سيما أنه يعد مخرجاً مثالياً لإسرائيل من مأزق الاحتلال وإلقاء تبعاته على مصر، الأمر الذي ينتج عنه تصفية القضية الفلسطينية". وأشار البيان إلى أن "من شواهد الاحتلال أن إسرائيل ما زالت تسيطر على المجالين البحري والجوي للقطاع وعلى معظم حدوده ومنافذ خروج ودخول السلع والأفراد منه وإليه". وتابع أن "إسرائيل، طبقاً للقانون الدولي ولاتفاقية جنيف الرابعة تحديداً، لا تزال ملزمةً باعتبارها سلطة احتلال بتوفير عناصر الحياة الأساسية من كهرباء، ومياه، ووقود، وطعام، ودواء للسكان المقيمين في الأرض التي تحتلها". وشدد على أن "مصر، سمحت حتى الآن بمرور ما يزيد على 20 ألف فلسطيني على مدار الأشهر العشرة الماضية دخولاً وخروجاً من وإلى القطاع في مناسبات مختلفة ولأسباب إنسانية متعددة". وأوضح أن مصر "لا تتوانى عن الاتصال المكثف بالجانب الإسرائيلي لفتح المعابر التي تربط إسرائيل بالقطاع"[167].

وفي أعقاب العدوان الإسرائيلي على غزة في 2008/12/27، اتهمت مصر حركة حماس بعدم السماح لمئات الجرحى الفلسطينيين من ضحايا الغارات الإسرائيلية من مغادرة قطاع غزة للعلاج. وقال أبو الغيط إن "المسيطرين على المعبر يمنعون خروج الجرحى ونحن ننتظر عبورهم"[168].

ومنعت السلطات المصرية في 2008/12/28 ثمانية من الجراحين المصريين، ومعهم معاونيهم، من الدخول إلى قطاع غزة لإجراء عمليات جراحية عاجلة لجرحى العدوان الإسرائيلي الجاري[169].

وفي 2008/12/30 أكد الرئيس المصري مبارك أن مصر لن تفتح معبر رفح سوى أمام الحالات الإنسانية، في غياب ممثلي السلطة الفلسطينية، ومراقبي الاتحاد الأوروبي، وبما يخالف اتفاق العام 2005، كي لا تشارك في تكريس الفصل بين الضفة والقطاع[170].

واتهم الرئيس مبارك في 2009/1/2 حركة حماس بأنها تريد فتح معبر رفح للاستحواذ عليه وحدها. وأشار إلى وجود خمسة معابر أخرى، وقال إن حركة حماس "طردت مندوبي الإتحاد الأوروبي، والسلطة الفلسطينية من معبر رفح، واستطاعت مصر بالتفاهم مع إسرائيل السماح بفتحه لعبور الحالات الإنسانية بينما منعت حركة حماس الحجاج الفلسطينيين من عبور المعبر لأداء فريضة الحج"[171].

وشدد الرئيس مبارك، في كلمته أمام المجتمعين في قمة شرم الشيخ في 2009/1/18، على أن مصر تطالب بفتح معابر قطاع غزة ورفع الحصار عن الفلسطينيين، وأكد على أن "مصر في سعيها للخروج من الأزمة الراهنة [المواجهات في غزة] تعمل جاهدةً على تأمين حدودها، إلا أنها لن تقبل أبداً أي تواجد أجنبي لمراقبين على أرضها"[172].

وفي إطار الجهود المصرية لاستكمال تطبيق بنود المبادرة المصرية بعد وقف إطلاق النار في قطاع غزة، أعلن حسام زكي، في 2009/1/18، أن مصر وجهت دعوة لـ"إسرائيل" والمنظمات الفلسطينية كافة للحضور إلى القاهرة لعقد اجتماعات منفصلة مع الجانب المصري؛ للتباحث حول خطوات تثبيت وقف إطلاق النار، والاتفاق على حزمة الإجراءات التي سيتمّ من خلالها تطبيق المبادرة المصرية، بما في ذلك الخطوات اللازمة لرفع الحصار وفتح المعابر[173].

خامساً: الموقف الدولي

بدأ الدور الدولي يتبلور في قضية معابر قطاع غزة حين بذلت الولايات المتحدة الأمريكية جهوداً حثيثة مع كل من السلطة الفلسطينية و"إسرائيل"، بهدف التوصل لما عرف باتفاقية المعابر التي أنجزت في 2005/11/15. حيث بدأ على إثر ذلك دور الاتحاد الأوروبي بالمشاركة في تفعيل هذه الاتفاقية من خلال إيفاد فريق للمراقبة.

تعرضت اتفاقية المعابر للكثير من النكسات منذ أن وقعت، حتى إن البنك الدولي أكد في تقرير ملخص لوضع المعابر والتجارة في الأراضي الفلسطينية، أن نظام المعابر لم يتغير عملياً، وأن الاتفاق الذي توصلت إليه وزيرة الخارجية الأمريكية كوندوليزا رايس لم يشهد إلا تقدماً طفيفاً[174]. وفي ما يلي استعراض موجز لطبيعة الأداء الدولي، من خلال الأطراف الدولية المؤثرة والمعنية وهم؛ الولايات المتحدة الأمريكية، والاتحاد الأوروبي، والأمم المتحدة.

1. الولايات المتحدة الأمريكية:

بذلت وزيرة الخارجية الأمريكية كوندوليزا رايس، جهوداً استثنائية بهدف وضع اتفاقية تنظم التعاطي مع معابر قطاع غزة بين "إسرائيل" والسلطة الفلسطينية، بعد أن نفذت "إسرائيل" خطة انفصالها عن قطاع غزة. حيث أعلنت رايس في 2005/11/15، توصل الجانبين الإسرائيلي والفلسطيني، بمساعدة من الولايات المتحدة، إلى اتفاق ينص على فتح معابر المرور بين غزة والضفة الغربية و"إسرائيل" والعالم الخارجي أمام الفلسطينيين، وعلى ترتيبات تطوير تلك المعابر وتوسيعها والسيطرة عليها وإدارتها. وأكدت رايس حينها التزام الولايات المتحدة بالأمن، وطالبت بمنع مرتكبي الجرائم وأعمال العنف من المرور عبر أي من المعابر[175]. ومن هذا المنطلق حرصت الولايات المتحدة على المساعدة في تعزيز الأمن وجعلته هدفاً، من خلال آليات تطبيق اتفاقية

المعابر التي اتخذت من معبر رفح نموذجاً لتطبيقه تدريجياً على باقي معابر قطاع غزة، حتى إنه كان في نية الولايات المتحدة تزويد معبر رفح بمعدات متطورة على غرار تلك التي تضعها على حدودها ومطاراتها[176].

بعد سيطرة حركة حماس على قطاع غزة وتشديد الحصار الإسرائيلي عليه دعمت الولايات المتحدة فكرة السماح للسلطة الفلسطينية بقياد الرئيس محمود عباس بالسيطرة على المعابر الحدودية الرئيسية في قطاع غزة للمساعدة على تخفيف المصاعب على السكان المحليين؛ وهو الاقتراح الذي كان قدمه سلام فياض رئيس حكومة تسيير الأعمال[177]. كما أن صحيفة هآرتس العبرية ذكرت يوم الإثنين في 2008/2/11، أن ديفيد وولش David Welch مساعد وزيرة الخارجية الأمريكية، طلب أن توافق "إسرائيل" على إحالة المسؤولية عن المعابر الحدودية في قطاع غزة إلى السلطة الفلسطينية. وحث "إسرائيل" على الاستجابة لطلب مصر زيادة عدد أفرادها المنتشرين على الحدود مع قطاع غزة[178]. ولقد عبرت الولايات المتحدة عن مخاوفها الأمنية، بعد أن استطاع الفلسطينيون في قطاع غزة اجتياز الحدود مع مصر، من خلال قول المتحدث بوزارة الخارجية الأمريكية، توم كايسي Tom Casey إن "أحد أسباب قلقنا وقلق المصريين أيضاً هو أن حماس ستستخدم هذا التحرك وتستغله لنشاطات إضافية لا تهدف إلى جلب مواد غذائية، بل للسماح لمقاتلين وغيرهم بجلب أسلحة ومعدات أخرى"[179]. ليس ذلك فحسب، بل ربطت واشنطن الاحتياجات الإنسانية لغزة بالأمن الإسرائيلي، حيث صرحت كوندوليزا رايس في مؤتمر منتدى الاقتصاد العالمي في دافوس بسويسرا في 2008/1/23، أنها مع الاستقرار والأمن في المنطقة لكن "الأهم تلبية الاحتياجات الأمنية الإسرائيلية والاحتياجات الإنسانية لسكان غزة"[180].

وانطلاقاً من هذا الالتزام وقعت رايس في 2009/1/16 مع نظيرتها الإسرائيلية تسيبي ليفني "مذكرة تفاهم" نصت على إسهام واشنطن بمساعدات تقنية ومراقبين لمنع تهريب الأسلحة إلى حماس، في استجابة لمطلب إسرائيلي رئيسي للتوصل إلى وقف إطلاق نار في غزة[181].

وفي أول نشاط ذي طابع دبلوماسي بعد يوم من تولي مهامه في 2009/1/20، ترأس الرئيس الأمريكي باراك أوباما Barack Obama في مقر وزارة الخارجية الأمريكية حفل الإعلان عن تعيين جورج ميتشل George Mitchell مبعوثاً خاصاً إلى الشرق الأوسط، ودعا أوباما إلى فتح المعابر في غزة للسماح بإدخال المساعدات بشرط "مراقبتها"، مبدياً تعاطفه مع المدنيين الفلسطينيين الذين يحتاجون فوراً إلى الطعام، والمياه النظيفة، والعناية الطبية العاجلة. في حين شدد على أن "الولايات المتحدة وشركاءها سيدعمون نظاماً يحرم تهريب الأسلحة، لكي لا تتمكن حماس من إعادة التسلح"[182].

2. الاتحاد الأوروبي:

يُعدُّ الاتحاد الأوروبي عنصراً أساسياً في اتفاقية المعابر بين السلطة الفلسطينية و"إسرائيل"، حيث كان استمرار عمل بعثة المراقبة التابعة للاتحاد الأوروبي شرطاً أساسياً لعمل معابر قطاع غزة. وقد شارك الاتحاد الأوروبي بـ 90 مراقباً للتواجد في معبر رفح، كما قام الاتحاد الأوروبي بتدريب ضباط حدود فلسطينيين للعمل على معبر رفح، وقد رأس برنامج التدريب هذا عضو سابق في إدارة الجمارك البريطانية كان يعمل في إيرلندا الشمالية[183].

لقد كان أي إنذار أو إشكال أمني كفيلاً بانسحاب المراقبين الأوروبيين وبالتالي إغلاق المعبر، وكان المراقبون يربطون عودتهم بإزالة التحذيرات الأمنية، ومما يدلل على ذلك تصريح الناطق باسم المراقبين الدوليين ميرغن تافيسون، الذي أكد أن

المراقبين الدوليين يعملون فقط وفق الإنذارات الأمنية الإسرائيلية[184]. وفي هذا الصدد كان سليم أبو صفية، مدير عام أمن المعابر، قد اتهم الطاقم الأوروبي الموجود في معبر رفح البري، بالتواطؤ في إغلاق المعبر أمام حركة المسافرين، بسبب رضوخهم الكامل للمطالب الإسرائيلية[185]. إضافة إلى ذلك فإن "إسرائيل" من الناحية الفعلية كانت تتحكم بقدرة المراقبين الأوروبيين على الوصول إلى أماكن عملهم في معبر رفح، لأنهم يسكنون في عسقلان (أشكلون)، ويتوجب عليهم المرور عبر معبر كرم أبو سالم الذي تكثر "إسرائيل" من إغلاقه بذريعة الإنذارات الأمنية حول عمليات وشيكة[186].

بعد أن فازت حركة حماس في الانتخابات التشريعية وشكلت حكومتها الأولى، انسجمت مواقف البعثة الأوروبية مع الموقف الأوروبي من حكم حماس، وتساوقت مع تشديد الخناق على الحكومة الفلسطينية. وقد كان قيام نواب ووزراء من حماس بنقل أموال عبر معبر رفح كفيلاً بإثارة المراقبين الأوروبيين، ودفعهم للتلويح بإغلاق المعبر رداً على هذه الخروقات[187]. وفي 2006/6/21، أعلن فريق الرقابة الأوروبية عن وقف العمل في معبر رفح بشكل مفاجئ[188].

بعد قيام مئات الآلاف من الفلسطينيين يوم 2008/1/23 بكسر الحصار عبر تدمير الفاصل الحدودي بين قطاع غزة ومصر، عاود الأوروبيون عرض إمكانية تواجدهم على معبر رفح لإعادة العمل باتفاقية 2005، ولكن من دون التعامل مع حركة حماس، حيث اشترط الاتحاد الأوروبي إمكانية إعادة مراقبيه ثانية إلى حدود غزة مع مصر بوجود ضمانات بعدم تعرضهم للخطر في المنطقة الواقعة تحت سيطرة حركة حماس، وقد نقلت وكالة رويترز عن مسؤول أوروبي في القدس قوله إن "الاتحاد الأوروبي يدرس حلاً شاملاً لمسألة معابر غزة بما في ذلك إعادة نشر المراقبين في رفح". وإضافة إلى معبر رفح يدرس الاتحاد الأوروبي إمكانية الاتفاق على ترتيبات خاصة بالمراقبة عند معابر غزة مع "إسرائيل"[189].

وفي رد على رسالة للنائب جمال الخضري رئيس اللجنة الشعبية لمواجهة الحصار، دعت مفوضة الاتحاد الأوروبي للعلاقات الخارجية بينيتا فيريرو فالدنر Benita Ferrero-Waldner في 20 شباط/ فبراير "إسرائيل" إلى رفع الحصار عن قطاع غزة وفتح المعابر للتخفيف عن كاهل الفلسطينيين. كما أعربت فالدنر من خلال رسالتها للخضري عن "قلقها بشأن الأوضاع الإنسانية في قطاع غزة". وأكدت أن الاتحاد الأوروبي مستمر في العمل لتخفيف معاناة سكان القطاع عبر عدة إجراءات تشمل المساعدات الإنسانية[190].

وطالبت نائبة رئيس البرلمان الأوروبي لويزا مورغانتيني Luisa Morgantini في 2008/4/18، بفتح معابر قطاع غزة، وقالت "لا توجد المزيد من الأعذار أمام الاتحاد الأوروبي والمجتمع الدولي، إذ يتعين عليهما التدخل على الفور، وبنحو أقوى وأكثر فاعلية لفتح كل حدود غزة فورا"[191].

وأكد مارك أوت Mark Ott، المبعوث الأوروبي لعملية السلام في الشرق الأوسط، أن "حرية الحركة في الأراضي الفلسطينية ضرورية ومطلب أساسي"، وقال: "يجب الاتفاق على إعادة فتح المعابر تحت مسؤولية السلطة الشرعية للرئيس عباس والحكومة الفلسطينية... أما موضوع أين سيقيم المراقبون؟ فهو مسألة تقنية وليس من الصعب حلها". وقال "ليس من الصعب حلها فإذا ما كان الشرط لتشغيل معبر رفح هو إقامة مراقبينا في العريش فإنه سيكون بالإمكان حل هذا الموضوع بسهولة"[192].

وجدد الاتحاد الأوروبي، في ختام اجتماع مشترك لوزراء الخارجية والدفاع في دول الاتحاد الأوروبي ببروكسل في 2008/5/26، استعداده لإعادة نشر أفراد البعثة الأوروبية لإدارة معبر رفح إذا توفرت الظروف المناسبة لذلك. وقال بيان صدر في ختام الاجتماع المشترك، إن المجموعة الأوروبية الموحدة قررت تمديد تفويض البعثة لمدة ستة أشهر إضافية، وحتى 2008/11/24[193].

وفي 2008/11/15 أعربت رئاسة الاتحاد الأوروبي الفرنسية في بيان عن أسفها لقرار الحكومة الإسرائيلية إغلاق نقاط العبور إلى قطاع غزة، ودعت إلى رفع العقاب الجماعي المفروض على القطاع فوراً. وأضاف البيان أن "رئاسة الاتحاد الأوروبي تدعو حالاً لإعادة فتح نقاط العبور، وتزويد القطاع بمصادر الطاقة والحاجات الإنسانية". وأعربت رئاسة الاتحاد الأوروبي عن أسفها أيضاً "لمنع رؤساء البعثات الأوروبية المعتمدين من الدخول إلى غزة، ومن ضمنهم القنصل الفرنسي العام في القدس، والممثل المحلي لرئاسة الاتحاد الأوروبي الذي يشارك في زيارة لمعاينة الوضع الإنساني والاقتصادي"[194].

وأعلن فرانك فالتر شتاينماير Frank-Walter Steinmeier، وزير الخارجية الألمانية، أن الاتحاد الأوروبي سوف يكثف جهوده للعمل على عودة المراقبين الأوروبيين على معبر رفح. وقال شتاينماير إن وفد الترويكا الأوروبية، الذي سيصل المنطقة في 2009/1/4 يهدف إلى تحقيق التهدئة، ووقف إطلاق النار، وفتح المعابر شريطة أن توقف حماس إطلاق الصواريخ على البلدات الإسرائيلية[195].

كما أن الناطق باسم وزارة الخارجية الفرنسية إريك شوفالييه Eric Chevallier أكد أن فرنسا والاتحاد الأوروبي مستعدان لتقديم المساعدة بشتى الأشكال لمحاربة تهريب الأسلحة، والتعاون مع الأطراف والسماح بإعادة فتح معابر قطاع غزة[196]. وفي مؤتمر صحفي له في 2009/1/22 إثر زيارة له إلى "إسرائيل" قال وزير الدولة البريطاني لشؤون التنمية مايكل فوستر Michael Foster إنه بيّن للإسرائيليين أهمية فتح معابر قطاع غزة وتسهيل حركة المواد والأشخاص من أجل العمل على إغلاق الأنفاق[197].

3. الأمم المتحدة:

دأبت الأمم المتحدة على الدعوة إلى عدم إغلاق معابر قطاع غزة لتفادي وقوع كارثة إنسانية، وذلك بموجب تحذيرات متعددة كانت تطلقها وكالة الأونروا، أو مؤسسات تابعة للأمم المتحدة تعمل ضمن الأراضي الفلسطينية وتعايش الواقع المأساوي الذي نتج عن الحصار، حيث حذر مكتب أوتشا، من خطر تدهور الأوضاع التي يعيشها فلسطينيو غزة والاقتراب من شفا كارثة إنسانية شبيهة لما حدث في كوسوفو، جراء الحصار المفروض عليه[198]. وقد أشارت تقارير الأمم المتحدة المتصلة بالبرنامج الغذائي إلى أن ما يقارب من 70% من الفلسطينيين في قطاع غزة، يعيشون في ظل الفقر وبالكاد يحصلون على قوتهم اليومي[199]. وقد شدد المنسق الخاص لعملية السلام للشرق الأوسط مبعوث الأمين العام للأمم المتحدة مايكل وليامز Michael Williams في أحد تقاريره الشهرية على ضرورة فتح المعابر مع قطاع غزة حيث "إن من المهم ألا يُعاقب أهالي غزة على انقلاب حماس"، ولأن منع الانهيار التام للاقتصاد في غزة بسبب إغلاق المعابر يبقى أمراً "ذا أولوية"[200]. ولقد عبر ممثل الأمين العام للمتحدة جون هولمز John Holmes خلال زيارته لقطاع غزة في 2008/2/15 عن شعوره بالصدمة للأوضاع الإنسانية الكارثية في القطاع، حيث صرّح أن نسبة الفقر والبطالة وصلت إلى نسب مخيفة، وأن عشرات الآلاف يفقدون مصدر رزقهم، وطالب بفتح المعابر. كما ذكر في هذا السياق أن ما يدخل قطاع غزة من مواد أساسية لا يتجاوز 10% من الذي كان يدخل سابقاً، مما يزيد من تفاقم الأزمة الإنسانية[201].

كما نددت وكالة الأونروا، باستمرار "إسرائيل" فرض الحصار الجائر على قطاع غزة؛ ودعت المفوضة العامة للوكالة كارين أبو زيد Karen AbuZayd، إلى "منح الفلسطينيين الحق في العيش مثل شعوب العالم الأخرى". وشددت على أن أهم شيء يريده سكان قطاع غزة هو إقدام السلطات الإسرائيلية على رفع الحصار المفروض عليهم، مبينة "إن الناس يريدون الحرية، وأن تفتح المعابر الحدودية"[202].

وعلى الرغم من ذلك عجز مجلس الأمن عن إجبار "إسرائيل" على فتح المعابر، لتخفيف وطأة الحصار عن الفلسطينيين في قطاع غزة، وخصوصاً بعد أن استأثرت قضية المعابر بالاهتمام بعد إعلان الرئيس محمود عباس أنه طلب من "إسرائيل" تسليمه إدارتها، وسط دعم من واشنطن والأمم المتحدة لهذا الطلب[203]. حتى إن مجلس الأمن تخلى عن مساعيه للتوصل إلى بيان توافقي بشأن الأوضاع في غزة، خلال جلسة عقدت بطلب من المجموعة العربية[204].

وفي 2008/11/21 حذرت كارين أبو زيد من كارثة إنسانية في قطاع غزة، إذا واصلت "إسرائيل" منع وصول المساعدات إلى القطاع عبر إغلاق المعابر. وأضافت أبو زيد بأن إغلاق معابر قطاع غزة في شهر تشرين الثاني/ نوفمبر 2008 يعتبر الأشد ضرراً بسكان القطاع منذ الأيام الأولى للانتفاضة الفلسطينية الثانية (انتفاضة الأقصى) قبل ثمانية أعوام[205].

وفي 2009/1/8 تبنى مجلس الأمن الدولي القرار 1860، الذي يدعو إلى وقف فوري لإطلاق النار في قطاع غزة. وقد وافقت 14 دولة عضو في مجلس الأمن على القرار، بينما امتنعت الولايات المتحدة عن التصويت. وتضمن القرار الدعوة إلى تكثيف جهود الدول الأعضاء لتأمين ترتيبات وضمانات في غزة؛ للحفاظ على وقف لإطلاق النار وهدوء دائمين، بما في ذلك منع تهريب الأسلحة والذخائر، وتأمين إعادة المعابر بموجب اتفاقية 2005 بين السلطة الفلسطينية و"إسرائيل"[206].

وخلال زيارته إلى رام الله في 2009/1/16 طالب الأمين العام للأمم المتحدة بضمان وصول المساعدات الإنسانية، وفتح معابر قطاع غزة، وإدارة هذه المعابر، وضمان منع تهريب السلاح إلى قطاع غزة، وتشجيع المصالحة الفلسطينية[207]. وفي زيارة إلى قطاع غزة بعد وقف إطلاق النار، جدد بان كي مون مطالبته السلطات الإسرائيلية بفتح جميع معابر القطاع من أجل الإسراع في إدخال إمدادات الإغاثة، نظراً لحجم الدمار الكارثي الذي عاينه خلال الزيارة[208].

خاتمة

لقد كان الهدف من اتفاقية المعابر دعم النمو الاقتصادي السلمي وتحسين الوضع الإنساني على الأراضي الفلسطينية، وفي مقدمتها قطاع غزة، وفتح الآفاق أمام مستقبل السلطة الفلسطينية. إلا أنه وبحسب ما تبين من التقرير، فقد شاب تطبيق هذه الاتفاقية الكثير من الانتهاكات من قبل الاحتلال الإسرائيلي، الذي جعل من هذا الاتفاقية، التي جيّرها لحسابه، أداةً للحصار تُحكمه متى تشاء وتفكّه متى تشاء، ضارباً عرض الحائط بالمطالبات الدولية المتكررة، وخاصة موقف الاتحاد الأوروبي الأخير الذي طالب بإعادة تشغيل معبري غزة وكارني، ومواقف الأمم المتحدة التي ما انفكت تطالب بإعادة تشغيل المعابر.

إن الإجراءات العملية التي اتخذتها "إسرائيل" على الأرض، من إغلاقات متكررة للمعابر، متذرعة تارة بالاحتياطات الأمنية وطوراً بغياب المراقبين الأوروبيين، وأخيراً بسيطرة حركة حماس على القطاع، مدعومة من الولايات المتحدة الأمريكية التي أيدت سياسة إغلاق المعابر؛ هذه الإجراءات جعلت حياة الغزّيين جحيماً لا يطاق.

وقد تجلى ذلك في الأزمات الاقتصادية والإنسانية والاجتماعية والصحية التي عانى منها القطاع بشكل خاص.

وقد كان لهذه الاتفاقية وتطبيقاتها انعكاسات على الوضع السياسي الداخلي الفلسطيني؛ إذ برز موقفان من الاتفاقية، فالرئاسة التي رعت الاتفاقية ومعها الحكومة التي يرأسها سلام فياض وحركة فتح، كانت مع تجديد الاتفاقية، وأما الفريق الآخر الذي يضم الحكومة التي يرأسها إسماعيل هنية ومعها حركتا حماس والجهاد الإسلامي وبعض الفصائل، فقد كان مع تغيير الاتفاقية بأخرى، تكون فيها السيادة الفلسطينية – المصرية كاملة على معبر رفح بدون مراقبة إسرائيلية، باعتبار أن معبر رفح هو معبر حدودي فلسطيني – مصري؛ إلا أن الموقف المصري كان مع

إعادة تشغيل المعبر وفق الاتفاقية السابقة، مطالباً بموقف فلسطيني موحد في حال كان هناك من تغيير للاتفاقية. وفي الوقت نفسه عارضت مصر سياسة الحصار على غزة.

أما موقف الجامعة العربية فقد كان مع دعوة الأطراف المعنية إلى استئناف العمل بالترتيبات المتفق عليها دولياً لضمان إعادة تشغيل كافة معابر قطاع غزة، بما في ذلك معبر رفح، مع ضمان تجنب تكرار انفجار الأوضاع الإنسانية.

من هنا وبعد تفاقم الأوضاع في قطاع غزة، وخاصة بعد تشديد الحصار والعدوان، بات من الضروري العمل على إيجاد حلول جذرية لقضية المعابر، شرط أن توضع المصلحة الوطنية الفلسطينية ومستقبل المجتمع الفلسطيني في الضفة والقطاع في الاعتبار. كما أن الوقت مناسباً ليُعاد ترتيب الارتباط الاقتصادي المباشر بـ"إسرائيل"، وبحيث تُفتح آفاق أمام التواصل الاقتصادي المباشر مع العمق العربي والإسلامي والعالمي دون إعاقات إسرائيلية.

ملحق

نص اتفاقية المعابر 2005

في الخامس عشر من نوفمبر/تشرين الثاني 2005 وقعت السلطة الفلسطينية و"إسرائيل" اتفاقاً عُرِف باسم "اتفاق المعابر" تم من خلاله وشع الشروط والضوابط والمعايير التي تنظم حركة المرور من وإلى الأراضي الفلسطينية المحتلة من خلال هذه المعابر. وفي ما يلي نص هذه الاتفاقية:

اتفاقية حول الحركة والعبور

لدعم التطور الاقتصادي السلمي وتحسين الوضع الإنساني على أرض الواقع، تم التوصل إلى الاتفاقية التالية، والتي تمثل التزامات الحكومة الإسرائيلية والسلطة الفلسطينية. وستجري المساعدة في تنفيذها والإضافة إليها من قبل مبعوث الرباعية الخاص بخطة الفصل وموظفيه و/ أو منسق الأمن الأميركي وموظفيه.

1. رفح:

اتفقت الأطراف على المبادئ المرفقة. سيتم فتح معبر رفح بمجرد جاهزيته للعمل حسب معايير دولية، وحسبما تقتضي مواد هذه الاتفاقية، وبمجرد أن يصبح الطرف الثالث متواجداً في الموقع، مع اتخاذ الخامس والعشرين من هذا الشهر كتاريخ لذلك.

2. نقاط العبور:

اتفق الأطراف على أن تعمل الممرات بشكل مستمر. وفي حالات الطوارئ تسمح إسرائيل بتصدير كافة المنتجات الزراعية من غزة أثناء موسم الجني لعام 2005.

سيجري تركيب جهاز الكشف الإضافي، وبشكل يعمل كاملاً [ويعمل بشكل كامل] بتاريخ 31 كانون الأول بحيث يصل عند ذلك عدد شاحنات التصدير التي

يجري تفتيشها يوميا في معبر كارني إلى 150 شاحنة والى 400 شاحنة في عام 2006. وسيتم استخدام نظام إداري شائع من قبل الجانبين.

إضافة إلى عدد الشاحنات المذكور أعلاه، ستسمح إسرائيل بتصدير المنتجات الزراعية من غزة، وستعمل على تسريع إخراجها مع المحافظة على جودتها وإبقائها طازجة. ستعمل إسرائيل على استمرارية فرص التصدير.

لمتابعة سير العملية، على الأطراف الاتفاق على:

سيجري استخدامها بمجرد وصولها إلى البلاد، [و] لدى توفر جيل جديد من أجهزة فحص الشاحنات والحاويات سيجري استخدامها ويتم تجريبها بمساعدة مبعوث الرباعية الخاص.

سيعمل المنسق الأمني الأميركي على التأكد من متابعة المشاورات فيما يتعلق بقضايا التنفيذ العالقة كلما تطلب الأمر.

ستعمل السلطة الفلسطينية على حماية الممرات في الجانب الفلسطيني للحدود، وعلى تدريب إدارة المعابر للتأكد من كفاءة وفاعلية العمل.

ستؤسس السلطة الفلسطينية ودون تأجيل نظاما موحداً لإدارة المعابر.

على النظام الإداري الذي طُوِّر لمعبر كارني وبتنوعات محلية ملائمة أن يكون قابلاً للاستخدام في الممرات في إيرز وكيرم شالوم أيضاً. وسوف تضع إسرائيل ترتيبات مماثلة وملائمة للتأكد من عمل الممرات في الضفة بشكل كامل وبأسرع وقت ممكن. وسوف تُطوِّر لجنة ثنائية بمشاركة مبعوث الرباعية الخاص و/أو المنسق الأمني الأميركي إجراءات العمل في الممرات كلما اقتضى الأمر.

الربط بين غزة والضفة:

ستسمح إسرائيل بمرور المبعوثين لتسهيل تحركات البضائع والأشخاص، وبالتحديد:

- تجهيز قوافل الحافلات بتاريخ 15 كانون الأول.
- تجهيز قوافل الشاحنات بتاريخ 15 كانون الثاني.
- وضع التفاصيل للترتيبات الخاصة بالتنفيذ من خلال لجنة ثنائية مشكلة من الحكومة الإسرائيلية والسلطة الفلسطينية، وبمشاركة فريق الرباعية، والمنسق الأمني الأميركي كلما احتاج الأمر.

الحركة عبر الضفة:

بما يتماشى واحتياجات الأمن الإسرائيلي، ولتسهيل حركة الناس والبضائع عبر الضفة، وللحدّ من معاناة الحياة الفلسطينية، سيتم تسريع العمل المتواصل بين إسرائيل والولايات المتحدة لوضع قائمة بالعوائق التي تحدّ من الحركة ولتطوير خطة للتقليل من هذه العوائق قدر المستطاع؛ وبحيث تكون جاهزة بتاريخ 31 كانون الثاني.

ميناء غزة:

يمكن البدء ببناء الميناء. ستؤكد الحكومة الإسرائيلية للممولين بأنها لن تتدخل بعمل الميناء، وستشكل الأطراف لجنة ثلاثية تقودها الولايات المتحدة لتطوير الأمن والترتيبات الأخرى المتعلقة بالميناء قبل افتتاحه، وسيجري استخدام نموذج لطرف ثالث في رفح كأساس للعمل.

المطار:

تتفق الأطراف على أهمية المطار. سوف تستأنف المباحثات حول قضايا الترتيبات الأمنية والبناء والعمل.

مبادئ متفق عليها لمعبر رفح:

يتم تنفيذها قبل الافتتاح من خلال اتفاقيات حول الأمن والجمارك وإجراءات التطبيق من قبل طرف ثالث.

عام:

يتم تشغيل معبر رفح من قبل السلطة الفلسطينية من جانبها، ومن قبل مصر من جانبها طبقاً للمعايير الدولية، وتماشياً مع القانون الفلسطيني؛ بحيث تخضع لبنود هذه الاتفاقية.

يتم افتتاح معبر رفح بمجرد ما يصبح جاهزاً للتشغيل بناء على معايير دولية، وتماشياً مع مواصفات هذه الاتفاقية، وبالوقت الذي يتواجد فيه الطرف الثالث في الموقع، مع تحديد الخامس والعشرين من تشرين الثاني كتاريخ للافتتاح.

استخدام معبر رفح ينحصر في حاملي بطاقة الهوية الفلسطينية ومع استثناء لغيرهم ضمن الشرائح المتفق عليها. ومع إشعار مسبق للحكومة الإسرائيلية وموافقة الجهات العليا في السلطة الفلسطينية.

تقوم السلطة الفلسطينية بإعلام الحكومة الإسرائيلية حول عبور شخص من الشرائح المتوقعة – دبلوماسيين مستثمرين أجانب، ممثليين أجانب لهيئات دولية معترف بها وحالات إنسانية وذلك قبل 48 ساعة من عبورهم.

تقوم الحكومة الإسرائيلية بالرد خلال 24 ساعة في حالة وجود أي اعتراضات مع ذكر أسباب الاعتراض.

تقوم السلطة الفلسطينية بإعلام الحكومة الإسرائيلية بقرارها في غضون 24 ساعة متضمنة الأسباب المتعلقة بالقرار.

يضمن الطرف الثالث إتباع الإجراءات الصحيحة، كما ويُعلم الطرفين بأي معلومات في حوزته متعلقة بالأشخاص الذين يتقدمون بطلبات للعبور تحت هذه الاستثناءات.

تظل هذه الإجراءات سارية المفعول لمدة 12 شهراً إلا إذا تقدم الطرف الثالث بتقييم سلبي حول إدارة السلطة الفلسطينية لمعبر رفح. يتم إنجاز هذا التقييم بتنسيق

كامل مع الجانبين، وسيعطي اعتباراً كاملاً لرأى كل من الطرفين.

سيتم استخدام معبر رفح أيضاً لتصدير البضائع لمصر.

يتم إنشاء معايير موضوعية لفحص السيارات بالإجماع.

المعايير هي كما يلي:

يتم تركيب جهاز الفحص متضمناً ما يلي:

• أضواء سوداء.

• أدوات تشغيل وضاغطاً للأدوات "Compressor".

• يتم الاتفاق على التكنولوجيا المستخدمة وفي الغالب تتضمن صور سونك، [و]فحص جاما "عربة كاملة أو محمولاً باليد" و/ أو صور موجات مليمتر.

• مرايا ومعدات بمجالات دقيقة لفحص الأماكن [أماكن] الوصول لها.

• يتم تدريب طاقم الموظفين على تفتيش المركبات، وعلى استخدام هذه الأجهزة من قبل طرف ثالث بناءً على مواصفات دولية.

• يتم تركيب الكاميرات لمراقبة عملية التفتيش.

• يقوم الطرف الثالث بتقييم قدرات السلطة الفلسطينية على فحص السيارات بناء على هذه المقاييس وعلى المعايير الدولية. وعندما تطور السلطة الفلسطينية قدرتها على فحص السيارات بدرجة يقرها الطرف الثالث، يتم السماح للسيارات بالعبور من خلال معبر رفح. وحتى ذلك الوقت يتم عبور السيارات على أساس استثنائي، وضمن المواصفات المتفق عليها في البروتوكول الأمني.

• يكون معبر رفح المعبر الوحيد بين قطاع غزة ومصر "باستثناء معبر كيرم شالوم للفترة المتفق عليها".

• تضع السلطة الفلسطينية إجراءات تشغيل واضحة.

• إلى أن يعمل معبر رفح، ستفتح السلطة الفلسطينية معبر رفح وملحقاته أمام الحجاج والحالات الطبية وأخرى، وبالتنسيق مع مكتب الجنرال "جيلعاد" في الجانب الإسرائيلي.

- تزود إسرائيل السلطة الفلسطينية بالمعلومات المطلوبة لمراجعة عمليات التسجيل السكانية الفلسطينية، بما فيه كافة المعلومات حول حاملي بطاقات الهوية الفلسطينية المقيمين حالياً خارج البلاد.

- يتسلم مكتب تنسيق يديره طرف ثالث شريط فيديو وبيانات حول التحركات على معبر رفح بشكل منتظم لمراجعة تنفيذ هذه الاتفاقية، ولحل أي نزاعات تنجم عنها، ولتنفيذ مهام أخرى تحددها هذه الاتفاقية.

الأمن:

تعمل السلطة الفلسطينية على منع عبور السلاح أو المواد المتفجرة عبر رفح.

تحدد السلطة الوزن الملائم للحقائب الخاصة بالمسافرين كجزء من الإجراءات. وتكون الأوزان مماثلة لتلك التي تستخدمها الحكومة الإسرائيلية، وبحيث يتم الاتفاق على سياسة خاصة بالحقائب للأشخاص كثيري السفر.

يمكن للمسافرين بمن فيهم العائدون استخدام نقطة العبور لإحضار أي ممتلكات خاصة والتي يحددها البند الأول "ه" من الفصل 7 للملحق الخاص بتعرفة الجمارك. ويجب أن تخضع أي ممتلكات شخصية أو بضائع أخرى للفحص في نقطة عبور كيرم شالوم.

تزود السلطة الفلسطينية الطرف الثالث بقائمة بأسماء العاملين في معبر رفح، والتي سيطلع عليها الإسرائيليون أيضاً. وتأخذ السلطة الفلسطينية الاهتمامات الإسرائيلية بعين الاعتبار.

تواصل خدمات التنسيق الأمني العمل من خلال إسرائيل والسلطة الفلسطينية والولايات المتحدة ومصر حول قضايا أمنية وستشارك في مجموعة العمل الخاصة بالأمن.

تأخذ السلطة الفلسطينية بعين الاعتبار أي معلومات حول أشخاص معينين تزودها بهم الحكومة الإسرائيلية. وتتشاور السلطة مع الحكومة الإسرائيلية والطرف الثالث قبل

أخذها القرار لمنع هؤلاء الأشخاص أو السماح لهم بالسفر. وأثناء تلك المشاورات التي لن تأخذ أكثر من 6 ساعات لن يسمح للشخص محل السؤال بالسفر.

الجمارك:

تواصل الحكومة الإسرائيلية والسلطة الفلسطينية تطبيق بروتوكول باريس الموقع بتاريخ 29 نيسان 1994.

يعمل معبر رفح حسب المعايير الدولية والقوانين الخاصة ببروتوكول باريس.

تتفق الحكومة الإسرائيلية والسلطة الفلسطينية على التعاون الأكبر وتبادل المعلومات.

تتعاون الحكومة الإسرائيلية والسلطة الفلسطينية على قضايا التدريب.

تعقد جمارك الحكومة الإسرائيلية والسلطة الفلسطينية اجتماعات منتظمة بحضور الحكومة المصرية كلما أمكن.

كيرم شالوم:

يفرغ موظفو الجمارك لدى السلطة الفلسطينية الشاحنات المقبلة في معبر كيرم شالوم بإشراف موظفي الجمارك الإسرائيليين.

يناقش الجانبان إجراءات العمل في مرحلة لاحقة.

تقدم العمليات في معبر كيرم شالوم التدريب وبناء القدرات لموظفي الجمارك التابعين للسلطة الفلسطينية.

يقيم الطرف الثالث قدرات جمارك السلطة الفلسطينية بعد 12 شهراً من العمل ويقدم توصياته للجانبين للتوصل لقرار مشترك يتعلق بمستقبل الترتيبات. وفي حال الاختلاف تعمل الولايات المتحدة بالتشاور مع الحكومة الإسرائيلية والسلطة الفلسطينية والطرف الثالث على حل القضية بسرعة.

الطرف الثالث:

يخول الطرف الثالث للتأكد من أن السلطة الفلسطينية تمتثل بكافة الأحكام والقواعد الخاصة بمعبر رفح وبشروط هذه الاتفاقية. وفي حالة عدم الامتثال، يحق للطرف الثالث أن يأمر بإعادة فحص وتفتيش أي مسافر أو حقائب أو وسائل نقل أو بضائع. وبينما يتم استكمال الإجراء لا يسمح للمسافر أو الحقائب أو وسيلة النقل أو البضائع بالعبور.

يساعد الطرف الثالث السلطة الفلسطينية في عملية بناء القدرات؛ التدريب والأجهزة والمساعدة الفنية، في إدارة الجمارك، في إدارة المعبر والجمارك.

التفاصيل حول دور الطرف الثالث مرفقة في مذكرة التفاهم الملحقة هنا.

يكون الاتحاد الأوروبي هو الطرف الثالث[209].

الهوامش

[1] جريدة البيان، الإمارات، 2005/11/16.

[2] جريدة عكاظ، الرياض، 2005/11/25.

[3] مركز الإعلام الفلسطيني بإشراف أمانة سر منظمة التحرير الفلسطينية، انظر:
http://www.palestine-pmc.com/arabic/inside1.asp?x=1914&cat=3&opt=1

[4] البيان، 2006/10/27.

[5] مكتب الأمم المتحدة لتنسيق الشؤون الإنسانية (أوتشا)، اتفاقية التنقل والوصول: عام على الاتفاقية، القدس، تشرين الثاني/ نوفمبر 2006، انظر:
http://www.ochaopt.org/documents/AMA_One_Year_ON-Arabic.pdf

[6] جريدة الاتحاد، الإمارات، 2007/6/16.

[7] Office for the Coordination of Humanitarian Affairs - Occupied Palestinian Territory (OCHA-OPT), Gaza Strip Humanitarian Fact Sheet, Jerusalem, December 2007, in:
http://www.ochaopt.org/documents/Gaza_Fact_Sheet_December_2007.pdf

[8] المركز الفلسطيني لحقوق الإنسان، غزة، 2008/2/5، انظر:
http://www.pchrgaza.org/files/REPORTS/arabic/stude.html

[9] مجموعة البنك الدولي، أخبار تنموية: الضفة الغربية وقطاع غزة، نشرة فصلية، تشرين الثاني/ نوفمبر 2007، انظر:
http://siteresources.worldbank.org/INTWESTBANKGAZAINARABIC/Resources/ArWBGupdateoct07.pdf

[10] جريدة القبس، الكويت، 2008/1/19.

[11] جريدة القدس العربي، لندن، 2008/1/21.

[12] Jerusalem Post newspaper, 27/5/2008, see:
http://www.jpost.com/servlet/Satellite?cid=1211434114854&pagename=JPost%2FJPArticle%2FShowFull

[13] جريدة الحياة، لندن، 2008/12/19.

[14] الحياة، 2008/12/19.

[15] تقارير المركز الفلسطيني لحقوق الإنسان خلال الفترة الممتدة من 2008/6/25 وحتى 2008/12/24، انظر: http://www.pchrgaza.org/arabic/reports/weekly07.html

[16] موقع الجزيرة.نت، 2008/12/25، انظر:
http://www.aljazeera.net/NR/EXERES/D589B877-BB16-4F60-ACF1-D07710010597.htm

[17] الجهاز المركزي للإحصاء الفلسطيني، الشهداء والجرحى في قطاع غزة، 2009/1/28، انظر:
http://www.pcbs.gov.ps/DesktopModules/Articles/ArticlesView.aspx?tabID=0&lang=ar-JO&ItemID=1411&mid=12059

[18] الجهاز المركزي للإحصاء الفلسطيني، 2009/1/19، انظر:
http://www.pcbs.gov.ps/Portals/_pcbs/PressRelease/gaza_losts.pdf

[19] الجهاز المركزي للإحصاء الفلسطيني، الخسائر المباشرة في البنية التحتية، 2009/1/28، انظر:
http://www.pcbs.gov.ps/DesktopModules/Articles/ArticlesView.aspx?tabID=0&lang=ar-JO&ItemID=1412&mid=12059

[20] **الحياة**، 2009/1/19.

[21] جريدة **الغد**، عمّان، 2009/1/21.

[22] المركز الفلسطيني لحقوق الإنسان، 2006/12/20، انظر:
http://www.pchrgaza.org/files/REPORTS/arabic/pdf_spi/clouse-12-2006.pdf

[23] المصدر نفسه.

[24] المركز الفلسطيني لحقوق الإنسان، 2007/1/9، انظر:
http://www.pchrgaza.ps/files/clouse/arabic/repot6.htm
ملاحظة: يعتبر المركز الفلسطيني لحقوق الإنسان أن الإغلاق يعتبر جزئياً في حال فتح المعبر بشكل غير طبيعي، وعندما:
1. يغلق لعدة ساعات خلال الدوام.
2. فتح المعبر باتجاه واحد فقط، للقادمين أو المغادرين.
3. لا يسمح لكافة المواطنين والفئات باجتياز المعبر، ويقتصر استخدامه على فئات معينة منهم كالمرضى أو أصحاب الإقامات في الخارج أو الحجاج.

[25] المركز الفلسطيني لحقوق الإنسان، 2008/1/10، انظر:
http://www.pchrgaza.org/files/clouse/arabic/repot6_07.htm

[26] أوتشا، تنفيذ اتفاقية المعابر (19 آذار – 1 نيسان 2008)، انظر:
http://www.ochaopt.org/documents/AMA_62_Arabic.pdf

[27] جريدة **الدستور**، عمّان، 2008/4/20.

[28] **الحياة**، 2008/5/14.

[29] المركز الفلسطيني لحقوق الإنسان، 2008/11/11، انظر:
http://www.pchrgaza.org/files/clouse/arabic/09-08_report.pdf

[30] وكالة الأنباء الفلسطينية (وفا)، 2006/6/21، انظر: http://www.wafa.ps/body.asp?id=91351

[31] وكالة رويترز، 2007/3/10، انظر:
http://ara.today.reuters.com/news/newsArticle.aspx?type=businessNews&storyID=2007-03-10T110607Z_01_OLR039558_RTRIDST_0_OEGBS-MIDEAST-CROSSING-MA1.XML&archived=False

[32] جريدة **الرأي**، عمّان، 2006/12/1.

[33] **المصدر نفسه**.

[34] المركز الفلسطيني لحقوق الإنسان، 2006/12/20.

[35] المركز الفلسطيني لحقوق الإنسان، 2008/1/10.

[36] أوتشا، تنفيذ اتفاقية المعابر (19 آذار – 1 نيسان 2008).

[37] المركز الفلسطيني لحقوق الإنسان، 2008/11/11.

[38] المركز الفلسطيني لحقوق الإنسان، 2006/12/20.

[39] المصدر نفسه.

[40] المركز الفلسطيني لحقوق الإنسان، 2008/1/10.

[41] أوتشا، تنفيذ اتفاقية المعابر (19 آذار – 1 نيسان 2008).

[42] المركز الفلسطيني لحقوق الإنسان، 2008/11/11.

⁴³ المركز الفلسطيني لحقوق الإنسان، 2006/12/20.

⁴⁴ المركز الفلسطيني لحقوق الإنسان، 2008/1/10.

⁴⁵ اللجنة الشعبية لمواجهة الحصار، غزة، انظر:
http://www.freegaza.ps/index.php?scid=100&id=432&extra=news&type=40

⁴⁶ أوتشا، تنفيذ اتفاقية المعابر (26 كانون الأول – 8 كانون الثاني 2008) انظر:
http://www.ochaopt.org/documents/AMA_56_Arabic.pdf

⁴⁷ أوتشا، تنفيذ اتفاقية المعابر (9-22 كانون الثاني 2008)، انظر:
http://www.ochaopt.org/documents/AMA_57_Arabic.pdf

⁴⁸ أوتشا، تنفيذ اتفاقية المعابر (23 كانون الثاني – 5 شباط 2008)، انظر:
http://www.ochaopt.org/documents/AMA_58_Arabic.pdf

⁴⁹ أوتشا، تنفيذ اتفاقية المعابر (6-19 شباط 2008)، انظر:
http://www.ochaopt.org/documents/AMA_59_Arabic.pdf

⁵⁰ أوتشا، تنفيذ اتفاقية المعابر (20 شباط – 4 آذار 2008)، انظر:
http://www.ochaopt.org/documents/AMA_60.pdf

⁵¹ أوتشا، تنفيذ اتفاقية المعابر (5-8 آذار 2008)، انظر:
http://www.ochaopt.org/documents/AMA_61_Arabic.pdf

⁵² أوتشا، تنفيذ اتفاقية المعابر (19 آذار – 1 نيسان 2008).

⁵³ المركز الفلسطيني لحقوق الإنسان، 2008/11/11.

⁵⁴ المركز الفلسطيني لحقوق الإنسان، 2006/12/20.

⁵⁵ المركز الفلسطيني لحقوق الإنسان، 2008/1/10.

⁵⁶ انظر: تقارير أوتشا حول تنفيذ اتفاقية المعابر خلال الفترة من 2007/12/26 إلى 2008/4/1.

⁵⁷ انظر: المركز الفلسطيني لحقوق الإنسان، 2008/11/11.

⁵⁸ المركز الفلسطيني لحقوق الإنسان، 2006/12/20.

⁵⁹ المركز الفلسطيني لحقوق الإنسان، 2008/1/10.

⁶⁰ المركز الفلسطيني لحقوق الإنسان، 2008/11/11.

⁶¹ الحياة، 2006/3/25.

⁶² جريدة الأيام، رام الله، 2006/6/2.

⁶³ الحياة، 2007/6/17.

⁶⁴ القبس، 2008/1/19.

⁶⁵ الدستور، 2008/1/23.

⁶⁶ الحياة، 2008/1/31.

⁶⁷ جريدة الوطن، السعودية، 2008/1/29.

⁶⁸ وكالة معاً الإخبارية، 2008/2/10، انظر:
http://www.maannews.net/ar/index.php?opr=ShowDetails&ID=100200

⁶⁹ الأيام، رام الله، 2008/2/5.

⁷⁰ جريدة الخليج، الإمارات، 2007/12/20.

⁷¹ الحياة، 2007/12/25.

⁷² الحياة، 2008/1/29.

⁷³ الحياة، 2008/1/23.

⁷⁴ الحياة، 2008/4/2.

[75] وكالة سما، 2008/5/2، انظر: http://www.samanews.com/index.php?id=details&sid=36904

[76] **الأيام**، رام الله، 2008/5/20.

[77] **الأيام**، رام الله، 2008/5/23.

[78] وكالة رامتان للأنباء، 2008/11/29، انظر: http://www.ramattan.net/details.aspx?news_id=46976

[79] جريدة **الشرق الأوسط**، لندن، 2008/12/11.

[80] وكالة قدس برس إنترناشونال، 2008/12/31، انظر:
http://www.qudspress.com/look/sarticle.tpl?IdLanguage=17&IdPublication=1&NrArticle=50870&NrIssue=1&NrSection=1

[81] **الحياة**، 2009/1/17.

[82] جريدة الشرق، قطر، 2009/1/19.

[83] الجزيرة. نت، 2009/1/22، انظر:
http://www.aljazeera.net/NR/exeres/85652AD9-87A6-47ED-884A-7BAFE2657ECE.htm

[84] **الشرق الأوسط**، 2008/1/24.

[85] **الدستور**، 2008/1/28.

[86] موقع عرب48، 2008/1/28، انظر: http://www.arabs48.com/display.x?cid=6&sid=7&id=51727

[87] **الحياة**، 2008/1/29.

[88] **البيان**، 2007/12/27.

[89] **الحياة**، 2008/1/31.

[90] **الخليج**، 2008/5/19.

[91] **الخليج**، 2008/5/23.

[92] **القدس العربي**، 2008/8/12.

[93] الجزيرة.نت، 2008/11/26، انظر:
http://www.aljazeera.net/NR/exeres/6F1250D0-C440-4544-B678-1C80B8E1B401.htm

[94] **القدس العربي**، 2008/12/10.

[95] الجزيرة.نت، 2009/1/1، انظر:
http://www.aljazeera.net/NR/exeres/9BA80DCF-9DFC-4957-8A02-8584A41089A7.htm

[96] موقع فلسطين الآن، 2008/1/29، انظر:
http://www.paltimes.net/arabic/?action=detile&detileid=12822

[97] موقع المركز الفلسطيني للإعلام، 2008/5/12، انظر:
http://www.palestine-info.info/ar/default.aspx?xyz=U6Qq7k%2bcOd87MDI46m9rUxJEpMO%2bi1s7jzZKXpdzcgoFQQpjGv1LPwo7JHz79zVfTjJQuEsFIbZThk6SeT3mAjwUbDVii9w6CfXYWW%2bIo5Cca6OSP0RhS9N9%2bnHl0lncRBbi%2bJY2G70%3d

[98] **عكاظ**، 2008/1/30.

[99] قدس برس، 2008/2/3، انظر:
http://www.qudspress.com/look/sarticle.tpl?IdLanguage=17&IdPublication=1&NrArticle=32583&NrIssue=1&NrSection=3

[100] **الأيام**، رام الله، 2008/1/31.

[101] **الخليج**، 2008/2/11.

[102] **القدس العربي**، 2008/1/30.

[103] البيان، 2008/6/1.

[104] القدس العربي، 2008/9/20.

[105] الشرق الأوسط، 2008/1/24.

[106] الحياة، 2008/4/22.

[107] جريدة الجريدة، الكويت، 2008/5/26.

[108] جريدة الأهرام، مصر، 2008/1/31.

[109] الشرق الأوسط، 2008/2/3.

[110] القبس، 2008/1/28.

[111] جريدة الأخبار، بيروت، 2008/2/4.

[112] الحياة، 2008/1/29.

[113] الحياة، 2008/1/30.

[114] الحياة، 2008/2/2.

[115] قدس برس، 2008/5/12، انظر:
http://www.qudspress.com/look/article.tpl?IdPublication=1&NrIssue=1&NrSection=3&NrArticle=38354&IdLanguage=17

[116] المركز الفلسطيني للإعلام، 2008/7/26، انظر:
http://www.palestine-info.info/ar/default.x?xyz=U6Qq7k%2bcOd87MDI46m9rUxJEpMO%2bi1s7TmoIw%2fn%2bQ7TIvPizy232kX%2b3nBG3vIGcyrA2HOL7qLMOIGRl%2buQM9%2bIOLoeg7Avxq3NQFPgILKkkZndmtnpBImnIntl8D95co88usVp6PwQ%3d

[117] المركز الفلسطيني للإعلام، 2008/8/6، انظر:
http://www.palestine-info.info/ar/default.aspx?xyz=U6Qq7k%2bcOd87MDI46m9rUxJEpMO%2bi1s7Vwy9MwSQb78yJGlBWjM4UNC77XXOOlqZUkgaerFzoJWoMFIz8Qf2x93%2fduGfUltHqJTSaqVPHE9aieEYjbDPDlmZgaxlvZaepxBrQWqMBZY%3d

[118] الوطن، السعودية، 2008/8/11.

[119] الحياة، 2008/9/23؛ والقدس العربي، 2008/9/24.

[120] الحياة، 2008/11/24.

[121] الأهرام، 2008/12/23.

[122] جريدة العرب، قطر، 2008/12/24.

[123] جريدة فلسطين، غزة، 2008/12/23.

[124] الجزيرة.نت، 2008/12/29، انظر:
http://www.aljazeera.net/NR/exeres/D3EE27CC-86E4-4C07-A930-79AE845E5570.htm

[125] الجزيرة.نت، 2009/1/3، انظر:
http://www.aljazeera.net/NR/exeres/4E010C66-A74D-4B0F-A072-D6C660E229BE.htm

[126] العرب، 2009/1/17.

[127] المركز الفلسطيني للإعلام، 2009/1/21، انظر:
http://www.palestine-info.info/ar/default.aspx?xyz=U6Qq7k%2bcOd87MDI46m9rUxJEpMO%2bi1s7DvxQie%2fvI6KZPKBtKU4KvUCsYI4%2b3fctzkn51Tppqhc9mcPG3Y4qSoqTdbrGAi%2fGVLpFMFvWD8WUhGKtr2FlK%2bxc7nK4MGbvlTiyZPBUW%2fg%3d

[128] الشرق، 2009/1/19.

129 الغد، 2009/1/17؛ والشرق الأوسط، 2009/1/26.

130 عرب48، 2008/1/28، انظر: http://www.arabs48.com/display.x?cid=6&sid=7&id=51727

131 الشرق الأوسط، 2008/1/31.

132 الحياة، 2008/2/1.

133 الأيام، رام الله، 2008/4/13.

134 الحياة، 2008/5/2.

135 مركز باحث للدراسات، 2008/8/30، انظر:
http://www.bahethcenter.net/A.W/ketab-baheth/7warat/2008/30_8_nass.htm

136 المركز الفلسطيني للإعلام، 2008/12/29، انظر:
http://www.palestine-info.info/ar/default.aspx?xyz=U6Qq7k%2bcOd87MDI46
m9rUxJEpMO%2bi1s77RYN%2fuic2EJsXlF6pQpRfXX7dZr%2b0Ylho8iTld
RFqSTsYMZmfdcToAWRn46U2XuGwkE0j4sOsq0Kv1qpnOrIyE2YLlQEgGd
cn2tnb5JeIhA%3d

137 الخليج، 2008/2/4.

138 القدس العربي، 2008/2/4.

139 جريدة الحياة الجديدة، رام الله، 2008/7/8.

140 الخليج، 2008/11/29.

141 عرب48، 2008/2/5، انظر: http://www.arabs48.com/display.x?cid=6&sid=7&id=51915

142 جريدة الغد، عمّان، 2008/5/18.

143 الحياة الجديدة، 2008/6/28.

144 الأيام، رام الله، 2008/1/31.

145 الحياة، 2008/1/31.

146 الحياة، 2008/4/9.

147 باحث للدراسات، 2008/10/16، انظر:
http://www.bahethcenter.net/A.W/ketab-baheth/7warat/2008/16_10_abou.htm

148 الدستور، 2008/5/1.

149 موقع إسلام أون لاين، 2008/1/28، انظر:
http://www.islamonline.net/servlet/Satellite?c=ArticleA_C&cid=1199279963605
&pagename=Zone-Arabic-News/NWALayout

150 الحياة الجديدة، 2008/3/13.

151 العرب، 2009/1/17.

152 الشرق الأوسط، 2009/1/17.

153 جريدة المستقبل، بيروت، 2009/1/19.

154 الحياة، 2009/1/19.

155 الحياة، 2008/1/25.

156 الخليج، 2008/1/25.

157 جريدة السفير، بيروت، 2008/1/26.

158 موقع الجمل، 2008/12/31، انظر: http://www.aljaml.com/node/26965

159 الاتحاد، 2008/2/6.

160 وكالة الأنباء السعودية (واس)، انظر: http://www.spa.gov.sa/details.php?id=524446

161 الخليج، 2008/2/8.

162 الخليج، 2007/12/4.

163 الحياة، 2008/1/3.

164 وكالة سما، 2008/1/29، انظر: http://www.samanews.com/index.php?id=details&sid=33016

165 العرب، قطر، 2008/4/16.

166 الحياة، 2008/12/2.

167 الشرق الأوسط، والوطن، السعودية، 2008/12/20.

168 شبكة بي بي سي الإخبارية، 2008/12/28.

169 قدس برس، 2008/12/28.

170 الحياة، 2008/12/31.

171 القدس العربي، 2009/1/3.

172 الحياة، 2009/1/19.

173 الشرق الأوسط، 2009/1/19.

174 الحياة، 2006/3/7.

175 نشرة واشنطن، مكتب برامج الإعلام الخارجي، وزارة الخارجية الأمريكية، 2005/11/15، انظر: http://usinfo.state.gov/ar/Archive/2005/Nov/15-125226.html

176 الدستور، 2005/12/24.

177 الخليج، 2008/1/24.

178 شبكة الأخبار العربية (محيط)، 2008/2/11، انظر: http://www.moheet.com/show_news.aspx?nid=87322&pg=2

179 الدستور، 2008/1/25.

180 الجزيرة.نت، 2008/1/24، انظر: http://www.aljazeera.net/NR/exeres/B032FF30-59E1-4DB3-A4A9-707E34D68B61.htm

181 الحياة، 2009/1/17.

182 الشرق الأوسط، 2009/1/23، والجزيرة.نت، 2009/1/23، انظر: http://www.aljazeera.net/NR/exeres/2FF7C91F-C8D1-4BD2-9AA6-B5CA54881565.htm

183 رويترز، 2008/4/30، انظر: http://ara.today.reuters.com/news/newsArticle.aspx?type=topnews&storyID=2007-04-30T195211Z_01_OLR071444_RTRIDST_0_OEGTP-EU-PAL-AT3.XML

184 الشرق الأوسط، 2006/6/24.

185 مجلة المجتمع، الكويت، 2006/8/26.

186 مركز المعلومات الإسرائيلي لحقوق الإنسان في الأراضي المحتلة (بتسيلم)، 2006/8/30، انظر: http://www.btselem.org/arabic/gaza_strip/20060830_closing_of_rafah_crossing.asp

187 البيان، 2006/9/29.

188 المركز الفلسطيني لحقوق الإنسان، 2006/6/22، انظر: http://www.pchrgaza.org/files/w_report/arabic/2006/22-06-2006.htm

189 جريدة الرياض، الرياض، 2008/1/29.

190 الدستور، 2008/2/21.

191 الجريدة، 2008/4/19.

192 الأيام، رام الله، 2008/5/26.

[193] الشرق الأوسط، 2008/5/27.

[194] البيان، 2008/11/16.

[195] الأهرام، 2009/1/3.

[196] الحياة، 2009/1/20.

[197] الشرق الأوسط، 2009/1/23.

[198] الخليج، 2006/4/5.

[199] عرب48، 2006/7/1، انظر: http://www.arabs48.com/display.x?cid=6&sid=7&id=37701

[200] الحياة، 2007/7/26.

[201] وكالة سما، 2008/2/15، انظر: http://www.samanews.com/index.php?id=details&sid=33653

[202] عرب48، 2008/5/26، انظر: http://www.arabs48.com/display.x?cid=6&sid=7&id=54346

[203] الحياة، 2008/1/23.

[204] بي بي سي، 2008/1/30، انظر:
http://news.bbc.co.uk/hi/arabic/middle_east_news/newsid_7215000/7215508.stm

[205] الأيام، رام الله، 2008/11/22.

[206] بي بي سي، 2009/1/9، انظر:
http://news.bbc.co.uk/hi/arabic/middle_east_news/newsid_7819000/7819381.stm

[207] الحياة، 2009/1/17.

[208] الجزيرة.نت، 2009/1/24، انظر:
http://www.aljazeera.net/NR/exeres/DBF9EC99-493B-422E-8BC9-519840AAA191.htm

[209] مركز الإعلام الفلسطيني بإشراف أمانة سر منظمة التحرير الفلسطينية، انظر:
http://www.palestine-pmc.com/arabic/inside1.asp?x=1914&cat=3&opt=1؛ وانظر أيضاً:
http://www.aljazeera.net/NR/exeres/C6770972-103F-46B2-9B75-EF03B5C44791.htm

Printed in the United States
By Bookmasters